島嶼地域科学を拓く

問い直す環境・社会・歴史の実践

池上大祐／波多野 想【編著】

ミネルヴァ書房

はしがき

フィールドとしての島嶼

本書は，読者を島嶼の過去・現在・未来の探究に誘う入門書です。

島嶼とは大小様々な島を指し，複数でもあり単数でもあります。企業や行政，人口が集中する都市的地域が多くある大陸に注目が集まりやすいですが，実は世界は多くの島々で構成されています。嘉数啓（2017: v）によれば，世界には3,000万～4,000万もの島があり，その総面積は地球面積の約7％を占め，人口は世界の総人口の約10％にのぼるといいます。これらの数字に驚かれた読者もおられましょう。そして，これらの島々は，国家レベルで言えば，国の領域や排他的経済水域等の保全，海洋資源の利用，自然環境の保全，食料の安定的な供給などにおいて大きな役割を担っています（国土交通省，2021）。

他方で，「離島」という言葉を目にすることも多いのではないでしょうか。例えば，国土交通省（2021）によると，日本は，6,852の島嶼により構成されており，本州，北海道，四国，九州，沖縄本島を除く6,847島が「離島」とされています。「離島」という言葉が，比較的大きい土地から離れている島々を表現するものであることが理解できます。つまり用語としての「離島」は，本土や大陸に対する相対的な表現であり，その用語を発する人は大陸側からのモノの見方をしていることになります。

須山聡（2018: 2-3）は，島々が広域的なネットワークの結節点となっていた中世から19世紀末までの「海の時代」から，近代以降に陸上交通が整備されたことで相対的に島の地位が低下し，島が本土から取り残され「離島」とみなされていく「離島化時代」へと移り変わっていったと論じています。島嶼が「離島化」していくというこの批判的視座は極めて重要です。すなわち，島嶼が外部から離島と定位された（例えば，1952年制定の離島航路整備法や翌年の離島振興法，あるいは2016年公布のいわゆる離島保全法など）ことで，島嶼の本土依存が加速し，さらに島嶼自体が本土に対する従属的位置づけを受け入れていくことになります。それは例えば，島嶼における観光においてもみられます。本土から離れているがゆえに特有の自然や文化が残されていると謳われ，島嶼には多くの本土観光客が訪れます。島嶼の側では，訪れる観光客の消費が島嶼の生活に影響を与えるため，観光客の需要や動向に合うよう（本末転倒であると知りながらも）自身の様態を時に変化させていきます。

では，島嶼の過去・現在・未来を探究するとはどういうことでしょうか。それは本土からの相対的な視点で「離島」としての島々の特徴を考察することではないことは明確です。詳細は「論点1 島々を探究する」をご参照いただくとして，要は島嶼内部の視線によって外部からの目差しを超克しようというスタンスに立ち，島嶼の内部が抱える課題に直接的に向き合う態度こそが求められます。

本書の構成

本書は4部編成・35の論点で構成しています。第Ⅰ部「「島嶼地域科学」とは何か」では，やや抽象度の高い概念・用語の説明を中心に扱うことで，「島嶼地域科学」という新しい方向性には，どのような理論的背景があるのかを限定的ではありますが紹介しています。第Ⅱ部以降は，各執筆者の専門分野を土台とした，特定の「論点」について紹介してもらうことを主眼としました。

第Ⅱ部で考えていくのは，「巡り合うこと」についてです。ここでは，人と人，人と景観，人と文化などが，「島嶼」（空間的にも意識的にも）を触媒として関係性を紡いでいく（＝邂逅していく）なかで生み出されていく「コミュニティ」の在り方を問いなおします。

第Ⅲ部では「生存すること」を掘り下げていきます。コミュニティ形成の触媒となる島嶼のもつ地形（の特徴を原因とする自然災害），生態系，自然環境，病原菌といったハード面により接近することで，人間生活の根幹をなす，「食べること」，「健康であること」の意味を改めて検討します。

第Ⅳ部では，「向き合うこと」について扱います。戦争，基地，軍備，兵器，紛争といった「軍事的なもの」を経験してきた過去と，その影響や記憶を直接的ないし間接的にも受けついできた現在との対話を，自らを加害側にも被害側にも置き直す可能性を内包させつつ，継続していくことの意味を問い直していきます。

また，全35の論点は，「論点の概要」「事例紹介」「島嶼との関連性」「さらに理解を深めるためのポイント」の4要素を意識しつつ，それぞれ独自に小項目をたてて，本書全体の統一感と個々の論点の独自性の両立を試みています。

本書の活用例

本書は，「島嶼地域科学」のエッセンスを過不足なく盛り込んだものでも，重厚な専門知識を提供するものではありません。「島嶼地域科学」をこれから創造・体系化していくための「入口」をひとまず設定してみた，という表現が一番的確かもしれません。したがって，関心のある論点をピックアップして読んでいただき，そこから読者が何等かの知見やインスピレーションを部分的にも得てくださることもありえますし，本書を通覧いただくことで見えてくることもあることでしょう。このように本書は活用の自由度が高くなるよう編集していますが，以下に編者が考える活用法を提案しておきましょう。

⑴論点どうしの相互関連性，類似性を見つけ出す

収録されている部が異なっていても，内容や視点が相互に関連しあっていたり，同じ要素が含まれていたりする場合があります。それを見つけ出すことによって，本書が提示した「部」の綴り方とはまた異なった特徴や構造が見えてくるかもしれません。

⑵各部の論点の数を増やし，補強する

今回取り上げた35の論点は，第Ⅰ部から第Ⅳ部を通じてそれぞれ設定した部タイトルを説明する上では十分ではないことは明らかです。そこで，その部を説明する／豊かにするために，必要と思われる論点を自由にあげて，それが

既存の論点とどう関連するのかを考えてみることも新しい本の活用方法になりそうです。

⑶特定の論点にフォーカスして，「島嶼」以外の視点から多面的に掘り下げていく

「島嶼地域科学」はあくまで物事をみるためのひとつのレンズです。本書でたまたま知りえた論点や事例に関心をもち，さらにそれに特化して理解を深めていくこともできます。島嶼という視点をきっかけに，それ以外にもつながっていく／ひろがっていく／めぐりあっていく過程は特にこれから学問の世界の扉を開こうとしている高校生の方々にとってよい知的経験になることでしょう。

論点を読者のみなさんにも掘り下げてもらうために

上述のとおり，論点の相互関連性や類似性をみつけ，さらに補強していくことで，島嶼のすがたが多面的に浮かび上がり，島嶼が抱える課題の所在が明確になるでしょう。

では，島嶼が抱える課題というどういうものがあるでしょうか。本書には，その具体的内容を疫病／障害，保健／衛生，環境，災害／防災，軍事／防衛，続く戦後，人の移動，記憶／記録，フェミニズムに相当する各論点が散りばめられています。

図表序-1を参照してください。まず，島嶼で暮らす人々の身体や精神に関わる問題があります。島嶼は海洋に直接的に面し，土地が限定されているがゆえに自然災害のリスクが高く，またその地政学的位置によって軍事拠点化されやすい傾向があります。また人の移動は疫病の流入をもたらす可能性があります。翻って，それらの問題を解決しより健康的な島嶼であってほしいとの希求が起こってきます。それらについて，疫病／障害，保健／衛生の観点から複数の論点で詳細に説明しています。

次いで，島嶼の環境に関わる問題があります。言うまでもありませんが，島嶼は，四方を海に囲まれており土地が限られています。そのため，島嶼がもつ自然資源や文化資源は自ずと制限されることになります。また地震や津波など

図表序-1　島嶼について考えるための見取り図

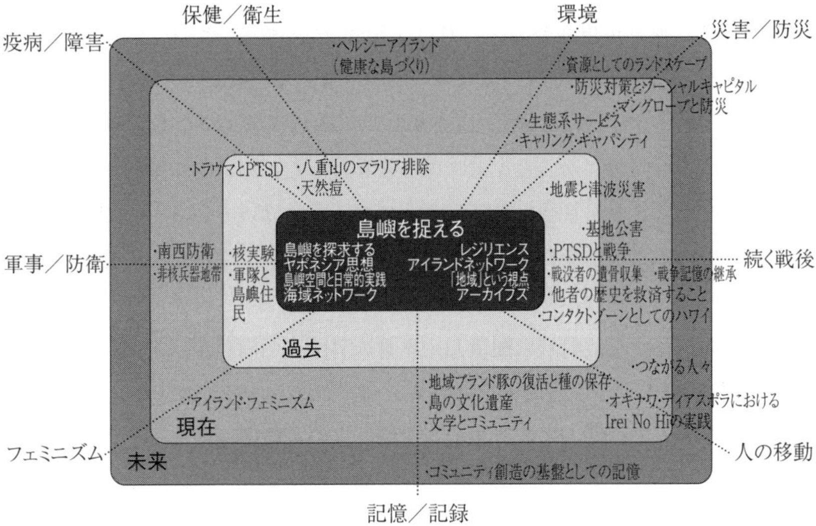

の災害に対して脆弱であることも否めません。そのため，島嶼の環境や災害／防災について，経済学，工学，保健学，農学，生態学，空間論などの視点を通して具体的に理解することが極めて重要になります。

その一方で，限られた土地のなかで豊穣に育まれた社会や文化が現前としてあることは想像できるでしょう。人々は過去・現在・未来の連なりのなかで生きています。島嶼地域社会や生活に関わる記憶が消滅あるいは縮減することがあるならば，島嶼で生きていくための「知」や「術」を失うことになりかねません。島嶼であるがゆえにフェミニズムに特有の影響を与える場合もあります。さらに，島嶼の人々は，社会経済や文化的に他の島々と交流し，独自の文化を育んできました。他方で，政治的抑圧等によって離散を余儀なくされてきた過去もあります。すなわち，島嶼と人の移動の関係は極めて重要な論点です。それらについて具体的に考えるために，記憶／記録，ジェンダー，人の移動といったテーマがあります。ここには，社会学，ジェンダー学，建築学等の研究者によって執筆された論点が並べられています。

さらに，島嶼はその地政学的位置等によって，軍事拠点や戦地になりやすい傾向にあります。そのため，島嶼の過去・現在・未来を考えるにあたって，軍事／防衛と，戦争が現在や未来に及ぼす影響（続く戦後）というテーマは避けて通れません。「もはや戦後ではない」という有名な言葉があります。これは，1956年度の『経済白書』の序文に書かれた，戦後復興，すなわち日本経済が戦前の水準まで回復したことを意味する言葉でした。経済的には確かにそうかもしれません。しかし社会は経済によってのみ成り立っているわけではありません。本書の軍事や防衛に関係する論点を読むと，そのことがよく分かるはずです。

これらのテーマを放射状に配置し，本書の各論点の内容が示す位置を示したのが，**図表序-1**です。読者のみなさんには，この図を手がかりに，ご自身の関心を確かめ，その関心に関わる論点を読み，さらに関連がありそうな論点をみつけてほしいと思います。そして，読者のみなさまと一緒に，自由な発想で本書を鍛え上げていくことができればと考えています。

（池上大祐・波多野想）

主要参考文献

嘉数啓（2017）『島嶼学への誘い』岩波書店。
国土交通省（2021）「日本の島嶼の構成」
https://www.mlit.go.jp/common/001290710.pdf（2021年8月10日閲覧）
須山聡（2018）「日本の島　総論」，pp. 2-5，平岡昭利・須山聡・宮内久光編『図説日本の島　76の魅力ある島々の営み』朝倉書店。

島嶼地域科学を拓く

—問い直す環境・社会・歴史の実践—

目　次

はしがき

第Ⅰ部

「島嶼地域科学」とは何か

❶ 島嶼を探究する

沖縄県大宜味村の風景 （出所）筆者撮影

島の相対的不利性から優位性へ

日本は，大小 6,800 以上の島々からなる島国である。太平洋には，メラネシア・ポリネシア・ミクロネシアに 14 の島嶼国・地域，それらの西側にはフィリピン・マレーシア・シンガポール・インドネシア・ブルネイなどの多数の島嶼国・地域が点在している。

人々の視線は，より広い大地に向かいがちだ。確かに企業，中央行政，人口等は大陸に集積していることが多い。そのような大陸は，それぞれの国において本土と呼ばれる。本土というのは，その国の主となる国土のことである。本土以外の島々（さらに属国や植民地）は従たる存在に位置づけられる。本土の論理なるものによって島々は規定され，遠隔，狭小，辺境などと特徴づけられる。遠隔とは本土から遠い地にあること，狭小は本土に比して面積が小さいこと，辺境は本土に対して島々が国土の境に近い地域にあることを意味する。言うまでもなく，これらの特徴は，本土を中心とする相対的な論理によるものであり，島嶼はあくまでも大陸に対する従属的な位置づけによって規定されてきた。しかし，歴史的にみて，島嶼は大陸に対して常に従属的な位置にあったわけではない。大陸が一方的に島嶼に何かしらの影響を与えたと考える大陸中心主義，あるいは本土中心主義とでもいえる視角は，島嶼の歴史的真実や現在的課題を浮かび上がらせるのに有効とは言えない。

藤田陽子（2019: 126）によると，領土や国境の保全，海洋資源の利用，文化・自然の保全など，国益の増進に重要な役割を担う存在と島々が位置づけられるようになり，島をめぐる状況は変わりつつある。すなわち，これまでの本土中心主義的な考え方から，本土目線で島々を相対化せずに，島を直接的にみつめる視角が醸成されてきている。そこで藤田は次のように述べる。

> （前略）島嶼社会は大国や本土・中央の論理に埋没せず，自らの島に関する意思決定を自らの手で行う主体性と自律性の確保を目指さなければならない。そのために，島の視点から主体的に島の課題を捉えて問題解決策や対応策を考える学問体系が必要となる（藤田，2019: 126）。

そして藤田は，従来の「従属・周縁・隔絶・狭小」等の島嶼の劣位性あるいは相対的不利性を踏まえつつも，新たに「国際性・多様性・独自性」という優位性概念で島嶼地域を特徴づけ，島嶼地域に新たな価値観を付与することで，従前の島嶼研究にパラダイムシフトをもたらすことを企図する。

相対的視座からの脱却

世界の島嶼研究における潮流として，島嶼内部の視線によって外部からの目差しを超克しようとする〈islandness〉なる用語が登場した。この用語は，島が自らの内側から社会的に構築されることを表明するものであった。

他方で，地理学や空間論においては，2000年代以降，関係性やネットワークを強調する議論が活発化する。例えば，地理学者のドリーン・マッシーは『空間のために』で，空間に対する近代的領土概念を「地理的差異が何よりまず孤立や分離によって作られるものと理解している」（p. 133）と批判し，空間を「諸関係の創発的な産物」（p. 133）と捉える視点を提示した。この議論を島嶼地域に当てはめることは決して難しくない。事実，ここ数年の島嶼研究において，関係論による視座の転回が求められつつある。これは，島嶼と大陸の二分法を脱却し，孤立性や周縁性の用語を問題化するというものである（Nimführ and Otto, 2020: 5）。そして，島嶼大陸間，または島嶼どうしの関係性を強調することにより，島嶼と大陸は，相互に構成・構築されるものとなる。すなわち，島嶼研究における関係論的な視座とは，島嶼に内在する要素を当該島嶼地域の内部における意味付けのみで説明するのではなく，個々の要素の相互関係，さらには個々の要素の島嶼大陸間関係，島嶼間関係を追究することを意味する。

島を学問するための視座

2018年，琉球大学に島嶼地域科学研究所が誕生した。同研究所は，沖縄のみならず世界の島嶼を対象に，多分野融合型研究を推進している。同研究所において展開する「島嶼地域科学」は，ひとつの島嶼地域課題に「規範科学・経験科学・実践科学」の3方向からアプローチし，島嶼の過去・現在・未来に迫る学術的実践である。特に，これら3つの科学の相互往還を通じて，理論的根拠と客観的分析に基づいた政策・方策を導出し，研究成果を現実社会において実装することを追究することにより島嶼の自律的・持続的発展に寄与することを目指している。池上大祐・藤田陽子ほか編『島嶼地域科学という挑戦』（ボーダーインク，2019）は「島嶼地域科学」という名称を掲げた初めての研究書籍であり，島嶼地域の自律性と主体性を学問的に定位するために，政治学，歴史学，社会学，経済学，言語学，教育学，農学，民俗学，景観学など多様なアプローチから，島嶼の実態と課題を追究した。

研究の立脚点を島嶼の内部におくということはなにも，島嶼を常に擁護することを念頭においたものではない。むしろ，島嶼地域科学は，外側からでなく，主体的に島嶼の状況（歴史的状況や現状）や惹起する課題等を批判的に解読し，島嶼の自律性構築を導く実践性を装備する学問領域を目指すものである。

島嶼の「自律」とは自身で立てた規範に従って行動することを意味し，他者の援助や支配なしに自身のみで物事を行うことを指す「自立」とは大きく異なる。つまり，島嶼の自律性構築とは，他の地域や島々から独立することではなく，大陸島嶼間，あるいは島嶼間に対する相対的視座を脱却し，新たな関係論的視座に基づく規範の確立とその実践を意味する。

島嶼研究からみえてくるもの

関係論的視座によって浮かび上がるのは，島嶼と大陸の間の相互作用，島嶼間の相互作用，さらに互いの影響関係のもとで変容していく島嶼および大陸の姿である。自己の形成が他者の意識と不可分にあることは自明である。島嶼，大陸ともに，相互に関わりをもつことは，つまり自己の客体化を通じて自律性を獲得していくことに他ならない。島嶼の社会，文化，政治，経済のいずれも，大陸のそれらも，自己の内部に閉じて反復的に再生産されるのではなく，相互の干渉，作用，浸透等によって形成されていく。島嶼や大陸のそれぞれの内部構造は，相互の交渉を通じて頻繁に変容していくのである。すなわち，島嶼 vs. 大陸という二項対立的視座や，島を自己完結した静的・閉鎖的空間とみなす視座を脱却し，島嶼地域を他の地域とのダイナミックな関係性や連続性のなかで変容・発展する可変的領域であることを明らかにする必要がある。ここにこそ，島嶼と大陸の真の姿があり，こうした視点に基づく島嶼地域科学の構築によって，島嶼の歴史的実態と現在抱える課題の所在を明らかにし，課題の解決策を導くための方法論を正しく定位できると考える。

（波多野想）

主要参考文献

藤田陽子（2019）「当事者性と共感性に基づく島嶼地域科学のフィールド――沖縄」長島俊介編『日本ネシア論』（別冊『環』㉕）藤原書店，pp. 126-129。

マッシー，ドリーン（森正人・井澤高志訳）（2014）『空間のために』月曜社。

Nimführ, Sarah and Otto, Laura（2020）'Doing research on, with and about the island: Reflections on islandscape, in *Island Studies Journal*, 15(1), pp. 185-204.

❷「地域」という主体性

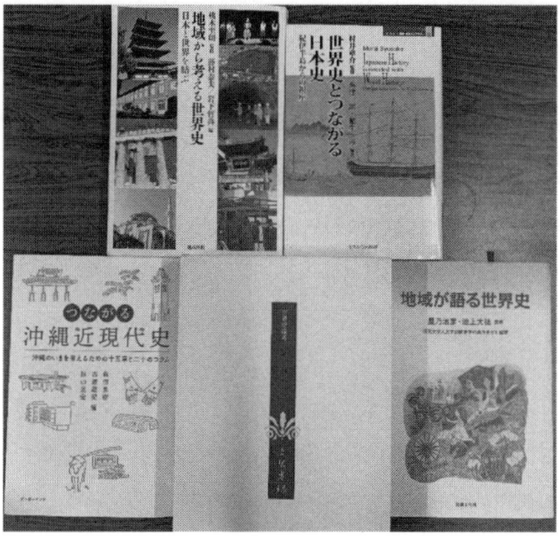

「地域」と「世界史」の視点で書かれた文献の例
（出所）筆者撮影

「地域研究」を吟味すること

> 「いったい地域研究とは何か」ということを定義づけているわけではありませんが，地域研究というものは，経済学だけだとか，政治学だけだとか，教育学だけでは捉えることができない，一方においてはそれぞれの学問の研究方法をいっそうアクチュアライズしていく，いっそうダイナミックにさせていく，いっそう大きい視野の上にたったものにさせていくと同時に，そういう具合にダイナミックなものにさせられていく諸科学のトータルな認識として，そこに地域認識というものがはじめて形成されうるんではあるまいか（上原編，1997: 430）。

これは，歴史学者上原専禄（1889-1975）による第８回「六県共同研究集会」（1964 年 4 月 2 日）での「地域認識の再吟味」と題する挨拶文の一部である。この文章から読み取れることは，「地域研究」というものを進めていくためには，様々な学問分野を融合させてトータルに見ていこうとする「学際的」志向と，個々の学問分野について「なぜこの研究が現代社会おいて重要なのか」を問う「実践的」志向の両面を上原が重視している点にある。

「学際的」志向について上原は，研究と教育を実践するなかで，出くわした危機を耐え抜くだけではなく，それを克服していくような研究・教育のあり方をつくりだすこと，そして専門領域をもつ研究者どうしが，それぞれの伝統的方法論をベースにしながらも，新しい研究方法を工夫していくことを，同じ挨拶文のなかで主張する。「実践的」志向については，「地域研究の意味と方法」と題される第7回「六県共同研究集会」(1963年3月31日) での挨拶文で以下のように説明している。

> 超越的に客観主義的に事物観察をやる場合には，地域のへったくれもないが，生活をよくしてゆく，問題を解決してゆくために何をわれわれはなさなければならないのか，やるべき課題を発見するのが研究の方向だという方法を志向するかぎり，地域を抜くわけにはいかない (同上: 329)。

ここで上原が重視していたのは，現状をどのように把握するのかという問題意識を，研究者自身が主体的にもつことであり，そのためには「地域」という概念が欠かせないという点であった。

上原専禄にとっての「地域」

ドイツ中世史を専門とする上原は，1948年から日本の高等学校教育課程において「世界史」という新しい科目が導入されたことから，世界史用教科書として書かれた『日本国民の世界史』の編集を含む教育実践活動にも従事するようになった。前項でたびたびふれた「六県共同研究集会」での挨拶もその教育実践活動の一環である。「六県共同研究集会」とは，1957年に設立された「国民教育研究所」(民研) による研究会活動のことで，そこに参加する岩手・山形・千葉・宮崎・高知・和歌山６県それぞれが「地域と国民教育」というシリーズのもとでまとめた一県一冊の報告書をもとに，一同に介して相互の国民教育研究活動を議論する場を指す。上原は，その民研研究会議長として，上原はその集会での挨拶や講演のなかで，「地域」の意味を鍛え上げていった。

例えば，民研による国民教育研究活動が「県」単位で実施されていたが，上原は，「地域」＝地方行政単位として捉えているわけではなかった。上原が強調する「地域」とは，日常生活と仕事が具体的に営まれ，「日本」全体に関わる問題をも集約されていく地縁集団のことであった。つまり上原は，行政単位を基準とする地理的・空間的概念として「地域」を捉えるのではなく，日常生活の営みを担保としたそこに生きる人々の「主体性」を含意する概念として捉えるのである。また，そうした地縁集団が共有する問題群は，その「地域」だけで完結するものではなく，「日本全体」にも共通してかかわってくるという。

このように「地域」という概念から「主体性」をくみ取ろうとする上原は「中央（政府）」との従属関係を示す「地方」という用語の使用を拒否する。そこで上原は「地域の地方化」という表現を用いてさらに踏み込んで考察した。「地域の地方化」とは，「地域」のもっている生活主体性を，中央の権力支配の網の目――例えば貿易自由化や産業合理化――のなかにたぐりよせることによって生活を抽象化させ，生活の主体性を奪っていくことであった。上原はいう。「今日意義のある問題として問題をつかもうとすれば，「地方」という言葉は絶対につかうべきではなく，それは「地域」でなければならない」（上原編，289）と。

「地域」と世界

こうした「地域の地方化」は日本国内における中央政府（東京）と地方（県など）との関係にだけみられる現象ではなく，例えばアメリカと日本，西洋諸国と植民地地域の関係にもあてはまると，上原はいう。だからこそ日本も植民地地域も，中央による「地方化」の動きを克服すべきであると。上原はその手段として「地域」の積極的意義を，世界とのつながりを意識して以下のように主張する。

> 世界の諸地域というものが，世界の独占，あるいは戦争勢力というものによって地方化されていくことと見合うだけでなくて，そこには因果関係があるようだということ，したがって，日本のそれぞれの地域をどういう具合におさえていくかという問題は，やがて世界，現時点における世界的規模における人類社会の構造をどういう具合に意欲するか，理想とするかということとも関わる問題だ，というふうに私は思う（上原編，316）。

こうした上原が提唱する意味での「地域」概念は，現在の歴史教育活動にも息づいている。例えば，山口県の高校教員が中心となって企画・運営する「地域から考える世界史プロジェクト」（2006年〜）は，日本列島内の各地域に眠る歴史的資源を発掘し，世界史とのつながりを考えていくことを高等学校や大学での実践を通じて行い，その知見を相互に共有することを目的としたネットワークがある。そのプロジェクトの例として熊本県荒尾，福井県の敦賀，大阪の堺などといった「地域」から世界史を見通すシンポジウムや中高生による研究報告会などが実施されてきた。その成果は2017年に刊行された『地域から考える世界史』に集約されている。その「序言」では，「日本史的現実を掘り下げていけば，必ず世界史的現実にぶつかる」との上原の言葉を引用して，「地域の現在を考えることは，連綿と続いてきた地域の成り立ちを学ぶことになり，世界的な問題，世界的課題に遭遇し，それが地域の今後を見通していく糸口を見出すきっかけになる」（桃木監修，8）と述べている。

また，主体性をもつ「地域」の範囲を可変的に捉えて，「国家」の相対化を試みつつ，東アジアやヨーロッパのような「大きな地域」，アメリカ南部やインド在地社会をはじめとする「小さな地域」，福岡という「身近な地域」が世界史とつながっていく諸局面を学生自身が探究した星乃治彦・池上大祐監修，福岡大学人文学部歴史学科西洋史ゼミ編『地域が語る世界史』（法律文化社，2013年）も発表されている。

「島嶼“地域”科学」が意味するもの

上原にとっては,「地域」とは単なる空間的概念ではなく，そのことに生きる人々が日々の生活を営むなかで様々な課題や問題を認識し，克服していこうとする「主体性」を意味する。その主体性があってこそ，学際的な「地域研究」が成立しうるとも上原は主張していた。そこで「島嶼地域科学」に含まれる「地域」を，上原のいう「地域」の意味で当てはめてみたとき，島嶼に生きる人々の主体的な営みがよりいっそうみえてくるのではないか。ここに「島嶼」ではなくあえて「島嶼地域」という概念を用いる意義が浮き上がってくるといえよう。

（池上大祐）

主要参考文献

上原弘江編，上原専禄（1997）『上原専禄著作集 19　世界史論考』評論社。
土肥恒之（2017）「第 9 章世界史とは何か——上原専禄の世界史像と地域概念」森宜人・石井健編『地域と歴史学——その担い手と実践』晃洋書房，228～257。
桃木至朗監修，藤村泰夫・岩下哲典編（2017）『地域から考える世界史』勉誠出版。

❸ ヤポネシア論

「ヤポネシア」に関する書籍　（出所）筆者撮影

ヤポネシア論とは何か

「ヤポネシア」とは，作家の島尾敏雄（1917-1986）が1960年代後半から提唱した概念であり，日本列島のかたちを千島弧，本州弧，琉球弧の「三つの弓なり」で構成されていると想定し，「日本」というもののあり方を大陸（ユーラシア）世界ではなく海洋（太平洋）世界のなかで理解するという視点のことである。

ここで意識されているのが，太平洋島嶼領域の地域区分名となっている「ミクロネシア」，「メラネシア」，「ポリネシア」の名称である。そもそも「ネシア」とはギリシャ語「島（の複数形）」を意味し，同じくギリシャ語の「小さい（ミクロ）」，「黒い（メラ）」，「多い（ポリ）」が接頭語として付属する構造になっている。ここに「日本（ヤポーニア）」も位置付けていくという思想がヤポネシア論である。この点について，島尾は以下のように説明している。

これは私の仮説ですが，ポリネシアとかミクロネシア，メラネシア，インドネシアの研究が日本列島でもっと充分なされるようになって，それと日本が比較研究されるようになれば，この奄美，沖縄の南島地帯がその研究の大きな拠点になるのではないか。つまり，日本の素性をはっきりさせるために，非常に重要な場所になるはずです（島尾編，26）。

島尾敏雄の問題意識

福島県を本籍地とする島尾は，横浜に生まれたのち中等教育を長崎で終え，大学進学の際に福岡に移り住み（1940～1943），1944 年には日本海軍に司令官として奄美諸島の加計呂麻島に赴いた経験をもつ（このときに後に妻となる大平ミホと出会う）。戦後は東京や神戸を経て 1955 年から妻の故郷である奄美に移り住んだ。太平洋戦争時の奄美経験がヤポネシアへの着想にどうつながったのかについて，島尾は以下のように述べている。

日本をヤポネシアとしての角度から，つまり太平洋の影響をより重く見ることを私に気づかせたのは，日本列島の南の弧の部分，つまり琉球列島の存在だ。もう二十年以上も過ぎたことになるが，あの太平洋戦争の最中私が初めてこの列島のひとつの島に海軍部隊に属して派遣されたときに，漠然とではあるが，この島々の文化の中には本土で感じられる，緊張と硬化でこねあげられた固さがないことに気づいた（島尾編，39）。

島尾にとっての戦時中および戦後の奄美での生活経験は，①奄美や沖縄などの琉球列島の植生や文化の特殊性への気づき，② 1968 年の明治百周年祝賀ムードをはじめとする画一性をもった均質的な「日本」への違和感，③日本のなかで日本の多様性を見つけていく意志をもつことの土台となったようである。だからこそ，島尾は奄美や沖縄に「ヤポネシアの根っこ」があると表現する。

他方で，その画一された「日本」とは異なる「日本の多様性」ひいては「根っこ」を求めようとする島尾の心性は，「ふるさとと出生地，育ったところや勉強した場所，現在生活している場所が全て重ならない私は，どこの方言も，生活スタイルとわかちがたいきずなとしてもつことのできないことが，あるいは私のあせりを誘うひとつの動因になっているのではないかと思ったりする」（島尾敏雄の会編，9）ところにあるのでないか。自らを「故郷喪失者」と規定する島尾にとっての「ヤポネシア」とは，「故郷喪失者の故郷」を求めようとするなかで生み出された拠り所だったのかもしれない。

ヤポネシア論の受容

島尾のヤポネシア論に早くから共鳴し，その議論を広め鍛え上げていった知識人のひとりが，民俗研究家・作家の谷川健一（1921-2013）である。谷川は，単系列の時間につながる歴史空間の「日本」とは異なり，多系列の時間を総合的に所有する空間概念として「ヤポネシア」を捉え，「日本」のなかで「日本」を相対化する可能性をそこに見出した。つまり，「日本」を否定することになる「インターナショナリズム」と「日本」を肯定することになる「ナショナリズム」との間の第三の道として，「ナショナルなもののなかにナショナルを破裂させる因子を発見すること」（島尾編，1970: 62）が可能になると谷川は説く。さらにヤポネシア論の意義について以下のように説明する。

> 日本の各地方の歴史がそれなりに全体性をもって相対的独立性をもつことを主張することが，まぎれもないヤポネシアの成立与件であるとすれば，その一方では多系列で異質な時間を単系列の時間という一本の糸に撚り合わせていったのが「日本」であり，そのために支配層が腐心し，ときによっては糊塗と偽造もあえて辞さなかったのが「日本」の歴史である。したがって，撚り合わせた糸をもう一度撚り戻す作業，つまり「ヤポネシアの日本化」を「日本のヤポネシア化」へ還元していく努力が要請される（島尾編，1970: 65-66）。

また小説家の田中艸太郎（1923-1993）は，自身が生活する九州（佐賀県）を

「地方」「辺境」といったことばで「自らの不毛や怠惰を弁流しているに過ぎない」という意識を，九州もまた琉球弧からみれば日本の歴史においては「中央」であるとする島尾の思想に触れることでもつようになったという。そこから，「1970年代の世界情勢にいやおうなく影響を受けざるをえない日本人」としての「私」という主体を見出していく。そうして「私」を自律的存在とするためには，「「私」の日常性の泥土の中から発芽するものを育て，その個体性，特殊性を徹底的につきつめ表現することによって，現代を突き抜ける普遍性と出会う」（島尾編，1970: 94）ことを説くのである。

「ネシア（島々）」の可能性

島尾のヤポネシア論は，その問題意識と枠組みは継承されつつも，様々な派生的な「ネシア」論をも生み出した。そのひとつは，哲学者・評論家の山田宗睦（1925-）の「インドヤポネシア」である。山田は，従来三区分（ミクロ，メラ，ポリ）で理解されてきた太平洋海域の西端に第4つめの区分として，インドネシア，フィリピン，台湾，琉球弧，日本列島を包括した「インドヤポネシア」を組み込んだ。ユーラシア大陸世界との関係の相対化を試みる島尾の見解を山田は「狭い」と捉え，ユーラシア大陸と太平洋海域の両面から「ヤポネシア」を捉えるために「インドヤポネシア」を提唱した。これは植物学者の中尾佐助（1916-1993）の「照葉樹林文化」論の知見をもとに，4大河川で文明が高度化したという従来の古代文明理解へのアンチテーゼの意味も込めていたという。いわば島尾のヤポネシア論をより広域的な大陸・海洋ネットワークのなかに位置づけようとする思考方法といえよう。

それとは対照的に，琉球沖縄の側からは，特に1970年代末から80年代にかけて，琉球弧を「日本」に包摂することへの「違和感」が示された。ジャーナリストの三木健（1940-）は，島尾のヤポネシア論を，日本の多様性のなかで日本を相対化させることに主眼を置いている以上，琉球弧そのものを論じたものではないとしたうえで，琉球弧の人々が太平洋文化圏のなかで生きる思考枠組みを，太平洋島嶼地域での分厚いフィールドワーク・取材の成果を土台とした

「オキネシア文化論」という概念で説明している。

近年では『別冊環　日本ネシア論』(藤原書店, 2019年) が編まれ, 約100名もの執筆者が, 日本列島を様々な「ネシア」(例えば, ウチナーネシア, 瀬戸内ネシア, 北ネシアなど) の視点からとらえ直す試みも展開されている。島尾が切り開いたヤポネシア論は, 現在においてもまたその命脈を保ちつつ,「ネシア(島々)」から人々の生き方を見出していく発想力や想像力を新たに鍛えあげつづけている。

(池上大祐)

主要参考文献

島尾敏雄編 (1977)『ヤポネシア序説』創樹社。
島尾敏雄の会編 (2000)『島尾敏雄』鼎書房。
三木健 (1988)『オキネシア文化論――精神の共和国を求めて』海風社。

❹ アイランド・ネットワーク

2017年 島ぐるみ訪米団と県人会 (出所) 筆者撮影

アイランド・ネットワークとは

本書における「アイランド・ネットワーク」とは，近代化に伴う地球規模の問題に対し，アイランド（島嶼）やアイランダー（島嶼住民）の共同体という視点で，取り組む問題意識をもった概念である。ここでの近代化は，特に，封建制から資本主義への過程において，広く政治や社会，そして文化に与えた影響を指し，その副産物とも言える地球温暖化，海水の上昇，環境破壊，生物の絶滅，核実験，ハリケーンやサイクロンの強力化，また継続する植民地主義の問題をもたらした。このような問題に直面した世代を，ノーベル科学賞受賞者のパウル・クルッツエン（Paul J. Crutzen）は，「人新世」（Anthropocene）と呼んだ。「人新世」においては，欧米諸国などの大陸国主導の近代化で形成された世界観，例えば，世界を首尾一貫した制御可能で管理可能な対象とし，人間を自然から切り離した考え方が，現在我々が直面する問題を助長してきたとも言える。島嶼地域は，人新世を最も象徴する存在のひとつとなっている。このような人新世の影響に敏感な島嶼地域は，島嶼の人々がこの問題を顕著に体感し，理論化し，その対策を提示する最前線にあるとも言える。学際的で多分野野融合型の国際島嶼研究では，このような島の状況を「人新世アイランド（Anthropocene islands）」（Pugh）というフレームワークで概念化する動きが起こっている。本項での，アイランド・ネットワークは，人類が地球上の生態や気候変動に多大な影響を及ぼす「人新世」における地球規模の問題に取り組むための学問的思考の転換を鼓動させる，共同体の創造を目指すパラダイムの転換，としても捉えることができる。

本土，大陸，旧宗主国との関係において概念化された，島嶼の多くは，声をもたない弱者であったり，大陸の援助や救済を必要とするものとして近代主義のなかに位置付けられることがある。「アイランド・ネットワーク」は，その構図自体を主体的な島嶼の視点で議論し，繋がる動きである。それは，島嶼のポジショナリティと問題意識をもった島嶼共同体が，大陸を巻きこみ，人新世が直面する共通の問題に取り組むよびかけでもある。そして，全ての生命が絡み合う関係性にあり，依存していることを象徴する認識論として発展する可能性をひめている。

アイランド・ネットワークの思考と想像力は，近代化がもたらしたとも言える人新世において，近代化や本土の思考とは異なった新しいアプローチを生み出す際の鍵となるフレームワークを構築する装置としても注目されている。発展と進歩に比重を置く直線的な思考を主とする近代主義においては，島嶼の孤立性，遠隔性，相互依存性は弱点とみなされ，島嶼の発展や進歩を妨げるとしてきた。そのような議論においては，島嶼は西欧を中心とした近代化において還元的に捉えられることが多く，無力な被害者で，他者の援助を待つのみの受身的存在だと理解されがちである。しかし，近年の島嶼研究において島嶼は，周縁の存在ではなく，世界規模の生存の鍵とされる相互依存の思考を構築し，近代的思考に代わる議論や実践を探究するための重要な場所であり，概念体系であるとする考え方が現れている。

「島する」

フィジー島出身の詩人であり歴史社会学者のテレシア・テイワ（Tresia K. Teaiwa）は，「島する」（“To Island”）と題した論文で，アイランドを動詞として捉えてはどうかと問う。テイワは，次のような思考の転換を促す。

> 島のエネルギーをその外側へ向けて発信し，世界を“島しよう”。地球の住人たち全てに，まるでみんなが島に住んでいるかのように振る舞う方法を教えよう。そうして「島された人々」が長寿で元気に暮らすためには，お互いをケアする必要があることを理解しなければならない。他人に気を配り，動植物に気を配り，土に気を配り，水に気を配る。島化されると，人間は大陸の幻想の昏さから目覚める。島化されると，人々は島が増えること以外には何もないことを理解することができる。形状学的に言えば，大陸は存在しない。北を辿ってもそこにあるのは島々，下も，右も左も島。そう，島々の海が広がっている。Ocean が素晴らしい可能性を秘めた動詞になるのと同様に，sea も動詞になる。それは私たちの命を救うことができる生き方なのだ。

テイワの「島する」想像力は，地球温暖化，人口減少，高齢化，資本主義，観光化，軍事化などの影響を比較的受けやすい地域に生きる当事者として「島する」，つまり「島」の住人として地球上の人々を動員することで，これらがもたらす様々な形の問題を捉え直す。「島する」ことにより，世界をグローバルな島嶼群，つまり，アイランド・ネットワークとして創造し，島嶼住民が主体となり地球規模の問題に取り組む方法論である。

「島」の再解釈に向けて

名詞としての「島」は，静的で外的影響を受けやすいが，動詞としての島は，近代化によって引き起こされた問題に取り組むエイジェンシーをもったインターラクティブな動的主体となりうる。実は島嶼とともに創る存在論の構築はすでに始まっている。例えば，太平洋島嶼とオーストラリア大陸からなるとオセアニアには，2万5,000の島がありそのうち3,000程度に住人がいるという。これまでの「海に浮かぶ島」という一般的なイメージは，島の狭小性や，遠隔性を強調してきたが，エペリ・ハウオファ（Epeli Hau ʻofa）は，「島々でなる海」（Sea of islands）という発想の転換を提示したことで知られている。島がそれぞれ孤立した概念を脱構築し，島嶼間の航海，移動，移住，貿易，交流を事例とし，島嶼にとっての海が生活環境であること，島嶼や島嶼住民の社会的，経済的，文化的ネットワークが歴史的に構築されたことを再提示したのだ。同様に，太平洋地域の島嶼としてみなされにくいオーストラリア大陸も，そこに移住したマオリ，サモア，トンガの人々の存在が，オーストラリア大陸を太平洋島嶼の構成部分としての意味付けをしてきた。ニュージーランドの歴史家のダモン・サレサ（Damon Salesa）は，太平洋島嶼からの人口が増えていることに言及して，ニュージーランドが「時間ごとに太平洋の一部になっている」としている。このように，オセアニアを中心に島をアイランド・ネットワークとして再定義するパラダイムシフトの可能性に期待したい。

（宜野座綾乃）

主要参考文献

Hau'ofa, Epeli (1994) "Our Sea of Islands." *The Contemporary Pacific*. 6(1), pp. 148-161.

Pugh, Jonathan, and David Chandler (2021) *Anthropocene Islands: Entangled Worlds. London*, University of Westminster Press.

Teaiwa, Teresia K (2007) 'To Island'in G. Baldacchino (ed.) *A World of Islands: An Island Studies Reader*. Charlottetown, Canada, and Luqa, Malta: Institute of Island Studies, University of Prince Edward Island and Agenda Academic, p. 514.

5 海域ネットワーク

オセアニア島嶼部で利用された様々な船の模型
（出所）ハワイ・ビショップ博物館所蔵（筆者撮影）

海域ネットワークとは

ネットワークは多様な文脈や意味をもつ用語であるが，人類が島嶼地域や海域世界に進出し安定的にそこで定着する上で大きな役割を果たしたのは，ヒトとモノが海を跨いで網の目のように行き交うネットワークであったと言われている。オセアニア島嶼地域や東南アジア島嶼部，琉球列島などの海域世界の人類比較研究ではこれを海域ネットワークと呼び，「人々が資源や生産物，技術等の獲得，交換を目的として，海を渡る移動を繰り返す過程で紡がれた地域間の社会関係の連鎖」（小野ほか編，2018: 2）と定義している。

島嶼地域や海域世界を構成する島々は互いに海で隔てられ，各々の地質や海岸環境，海流，動植物資源などの環境条件に違いが存在する。環境的多様性とも呼ばれるこうした特性は今日こそポジティブな文脈で使われることが多いが，島に暮らす人々にとっては必ずしも良い面ばかりではない。島の環境の違いは時にある島では手に入る資源が別の島では手に入らないといった事態も生じさせる。特定の島で手に入らない資源が生活に不可欠なものであれば，その島で安定的に生存・生活することは著しく困難になるだろう。こうした局面で効果を発揮するのが，様々な島や地域との間で人やモノが行き交う海域ネットワークである。

海域ネットワークの役割

例えば，広大な南太平洋に点在する小さな島々からなるオセアニア島嶼地域は陸地面積も少なく，島によって利用できる資源も限られており，加えて災害が生じた際にも大きな被害を受けるという過酷な一面をもっているが，現在その多くの島に様々な人々が居住し社会を築いている。人々がこうした環境に進出して適応できた理由については，「海洋資源の開拓」や「栽培植物・家畜利用の導入」といった生業戦略が知られているが，それに加えて重要な役割を果たしたのが「ネットワークを用いたひとつの島で完結しない生活スタイル」であると考えられている（印東，2018：75-125)。様々な島どうしが海域ネットワークによって結びつく生活様式は，環境条件の異なる島の間で多様な資源や生産物を交換することによって，個々の島が抱える資源不足というリスクを克服することを可能にする。また，ネットワークは資源だけでなく人の行き来や情報の交換も可能にし，これも島の環境を克服し豊かな文化を育むことに繋がった。さらに，島嶼地域はしばしば干ばつや津波・暴風などによる大きな被害を受けるが，ネットワークはこうした緊急時に避難先や援助を提供するセーフティネットワークやレジリエンスとしての機能をもっていた（同前)。特定の島に住めなくなった場合でも住民は他の居住可能な島に避難することができ，ネットワークを通して援助を受けることが可能であった。すなわち，海域ネットワークは人類が島という環境で安定的に生存・生活する上で非常に重要な存在であったと言えるだろう。また，現代の人間文化・社会の研究においては，海域ネットワークを通した文化的・経済的・政治的な様々な文脈における多様な関係性も観察されており，こうした複雑な関係性を読み解く視点としてエスノ・ネットワーク（ethno-network）という概念も提起されている（小野ほか編，2018: 38-65）。

島嶼の人類を支えてきた海域ネットワーク

では，こうした海域ネットワークはいつ頃から出現したのであろうか。考古学的な調査においては，人類は島嶼地域や海域世界に進出した初期から海域ネットワークのような関係を構築していたのではないかと考えられている。現在，私たち現生人類（*Homo sapiens*）の直接的な祖先は10～７万年前にはアフリカ大陸を起点として世界中に移住・拡散していったとされており，早くも５～４万年前には海を渡って東南アジア島嶼部や，ニューギニア，オーストラリア大陸へと辿り着いていたと考えられている。ニューギニアやその周辺の島嶼地域では，この時期から海を越えて黒曜石や小型有袋類，植物などの資源が人によって運ばれたことが確認されており（小野ほか編，2018: 310-314），人類は島や海の世界へ進出した当初から海を越えて島々を結ぶ海域ネットワーク的な関係性を構築していたものと考えられている。

また，時代が進むと，海域ネットワークはより発展した姿へと変遷した。約3,000年前以降のオセアニア島嶼地域のミクロネシアやポリネシアといった，大陸部から非常に遠く離れた小さな島々では，この時期に本格的な人類進出が始まり，広大な範囲の海域で人やモノが移動する関係が展開した。これらの地域は人類が長期間居住する上では利用資源が乏しく災害に弱いなど過酷な条件も有していたが，それを克服する上で重要な戦略のひとつが海域ネットワークに基づいた生活スタイルであった（印東，2017）。オセアニアの島々を結ぶ海域ネットワークでは時に何千キロにも及ぶ広範囲の海域を越えて物資が移動することもあり，高度な航海技術や組織化に裏打ちされたものであったと考えられている。フィリピンやインドネシアといった東南アジアの島嶼部でも2,300年前頃に広範囲の海域ネットワークが展開したことが知られている。こうした地域では東南アジアの大陸部をも巻き込んだ広範囲の地域との間で金属器や装飾品，或いはその製作技術もった人々が海を越えて複雑に行き交い，各地の文化形成に大きな影響を与えた（小野ほか編，2018: 86-147）。東アジアでも琉球列島で少なくとも約7,000年前以降には島々の間で資源や生産物を運ぶ動きが存在したことが確認されている（沖縄考古学会編，2018: 58-126）。琉球列島の海域ネットワークは当初こそ主に近隣の地域を結ぶ諸島内ネットワーク的なものであったが，11世紀以降には琉球列島や東アジア・東南アジアを結ぶ大規模な貿易ネットワークが展開することとなり，それはこの地域で誕生した琉球王国（1429-1879年）を支える経済基盤へと発展していった（同上: 127-220）。

島嶼地域や海域世界におけるネットワークという視点

海域ネットワークは時代や地域によって多様な形や姿を見せており必ずしも一言で全てを説明できるわけではない。しかし，いずれの地域でも人々が島嶼や海域世界に進出し，そこで社会を展開する上で重要な役割を果たしてきたという点では共通している。島嶼地域は現代の近代国家の枠組みではしばしば辺境や周縁に位置づけられやすいが，海域ネットワークは島嶼地域や海域世界を主体として捉える枠組みを設定し，国家的枠組みや地域区分或いは時間さえも越えて，その世界の構造や歴史へアプローチすることを可能とするテーマのひとつである（小野ほか編，2018: 2-37）。島や海の世界へ進出して適応した人々や社会・文化を主役としてその成り立ちを理解しその未来を考えていく上で，海域ネットワークは重要なテーマであり視点であると言えるだろう。

（山極海嗣）

主要参考文献

印東道子（2017）『島に住む人類——オセアニアの楽園創世記』臨川書店。
沖縄考古学会（編）（2018）『南島考古入門——掘り出された沖縄の歴史・文化』ボーダーインク。
小野林太郎・長津一史・印東道子（編）（2018）『海民の移動誌——太平洋のネットワーク社会』昭和堂。

❻ レジリエンス

グアム博物館内の展示　（出所）筆者撮影

レジリエンスと島

語源辞典によると「レジリエンス」は，17 世紀のラテン語，“resilire” にその起源を辿ることができる。“resilire” の “re”（「再度」「戻る」）と “salire”（「飛ぶ」，「飛び越える」）が結びつき，「物理的な物質が外的力を受けたあと，元の形にはね返る，反発する能力，弾力，弾性」と定義され，そこから，「回復力，順応力」という定義もされている。日本では主に，自然災害や，リスクの高い出来事を経験した後の回復力として用いられ，国際的支援から国内の行政，また地方自治，そして一般市民にも広く知られるようになった。特に，近年国内においては，東日本大震災後，政治的，経済的，心身の回復の取り組みにおけるスローガンとして用いられた。その概念は近代化やグローバル化の影響を受け，ネオリベラリズム的な政策のアジェンダとして浮上したという背景がある。国際政治などの分野においては，行政から，被災者である当事者に回復の責任を置き労働力を動員するためのスローガンや概念構築に目的が置かれ，当事者のニーズを必ずしも反映したものではなかったことが批判されてきた。リノ・ブリギロ他（Lino Briguglo）は，80以上の国や地域を対象に，危機に直面した際のレジリエンスについて，その地域の経済的安定度や，市場効率，政治，社会発展に着目して指標化したが，自由民主主義（liberal democratic ideology）に偏った指標であるとして，地元の知識やエイジェンシー十分に考慮されていない側面が批評された。例えば，レジリエンスという概念でさえも存在しない地域や先住民の文化を，英語圏優位主義的指標のレジリエンスの尺度に当てはめて評価することは困難である。その反面，島嶼における人々のエイジェンシーに着目したレジリエンスは，島嶼独特の地理，環境，特性，また人々の社会や文化におけるインタラクティブでダイナミックな関係性を解き明かし，持続可能な社会を再生する基盤となる可能性を秘めていることが提唱されてきている。

島嶼におけるレジリエンスの研究

島嶼研究においても，レジリエンスは島嶼や島嶼性を考察する上で重要なキーワードとして議論されてきた。島嶼研究におけるレジリエンスが島嶼の特性，つまり，島嶼性として定義される際に注意すべきは，島嶼がもともと脆弱であるが故に，そこから回復しようとするレジリエンスが発生するという議論の展開である。その枠組みで理論化されるレジリエンスは，島嶼を常に脆弱という前提のもとで語ることになり，事実上の自立を後退させる言説を作り上げるというのである。このような一元的で，一方向性の因果関係や，「大陸／島嶼，脆弱性／レジリエンス」という両極的な理解ではなく，レジリエンスが生命の相互作用の産物であり，関係性に着目した生命のダイナミックな可能性のアプローチとする議論が生まれてきた。ジョナサン・プーとデイビッド・チャンドラー（Jonathan Pugh，David Chandler）によると，「レジリエンス」は島嶼地域を，適応能力をもった集合体であり生産的な場所であるとして理解する概念である。島嶼における営みは，空間的，環境的，そして社会的な境界線のなかに存在し，島嶼地域によっては，現在も地域の資源と社会的結束に大きく依存していることが多く，人間と環境の関係がより顕著になる場所としてよく知られている。相互依存関係によって営まれる島の文化とその豊かな知識は，持続可能な社会を再生し，革新するための重要な基盤づくりのヒントとなりうる。このようなレジリエンスの概念においては，複雑な適応性をつちかった個人，コミュニティ，社会システムと創造された文化を含む島のシステム全体がお互いにフィードバックし合い，適応力を養うとされている。このように，島の文化は，レジリエンスの考え方の中心である，インタラクティブでダイナミックな関係性を例示していると，広く理解できる。例えば，島嶼地域の人々は，危機に直面した際，近隣の島嶼地域に様々な援助を求めるのは珍しいことではなかった。このことは，島嶼が孤立し閉鎖された空間ではなく，海域でつながる共同体嶼という証しである，レジリエンスを発動する主体となる島人は，必要に応じて，他島嶼地域との関係性の上に成り立つ相互依存の共同体を前提としたレジリエンスを発動する（Kueffer and Kinney, 2017: 311）。

レジリエンスの課題

特に近年島嶼における安全や健康の問題はより深刻化している。特に第二次世界大戦後の植民地支配に置かれた太平洋島嶼地域では，植民地主義とグローバリゼーションにより，より脆弱性を増してきた。大陸や旧宗主国によってもたらされた高脂肪の加工食品は，島人の食生活に多大な影響を与え肥満や疾患増加を引き起こした。また，近代化に伴う環境汚染の問題は海面上昇等の気候変動は，島嶼地域の生活を脅かしている。それに対し，フィリピン，インドネシア，東ティモールでは，地域に根ざした知識や実践が台風や，嵐，豪雨の際により安全な対策を講じる有益な方法として見直されている。このように島嶼地域で何世代もの間蓄積された知恵や知識が島のバイタリティ（生きる力）として，近代社会がもたらす環境や社会問題に対してもレジリエンスを発動する基盤となっている。

SDGsとの関連

レジリエンスは，2015年国連サミットにおいて加盟国の全会一致で採択され，日本でも近年注目されるようになった「持続可能な開発目標SDGs」（Sustainable Development Goals）の，サステイナビリティ（持続可能性）と深く関連する概念としても理解されるようになった。特に，気候変動や人類と自然の関係性に関しては，二つが共通の目標をもっているという認識がある。しかし，レジリエンスとサステイナビリティには，大きな違いがある。ジェイムス・ランドルによると，レジリエンスが，持続可能な発展や持続する経済発展を暗示する一方で，サステイナビリティは，人口の減少や経済の衰退を意味しても，資源の保全や既存の資源を永続的に使用することを意味する。そのため，二つには根本的な相違点があり，島嶼地域においては，この持続性の概念が適応されないかもしれないと言うのだ。その理由は，島の地理的特徴として，しばしばいわれる孤立性が島をより脆弱にする経験は，島が奔放な成長の贅沢を経験せず，手元にある資源で自らを維持することを余儀なくしたためだ。島嶼で培われたレジリエンスの形態や実践を，彼らの文化的また社会的コンテクストにおいて理解し，地球規模の持続可能性へのプロジェクトにフィードバックしていくことが課題かもしれない。

（宜野座綾乃）

主要参考文献

Pugh, J. and D. Chandler (2021). *Anthropocene Islands: Entangled Worlds.* University of Westminster Press.

Randall, James E. (2021). An Introduction to Island Studies. London: Roman & Littlefield.

❼ 島嶼空間と日常的実践

宮古島狩俣の風景　（出所）筆者撮影

生き抜く術としての日常的実践

牛歩という言葉がある。牛のように歩くのが遅いことを意味し，特に物事が遅々として進まない状況に際して使われる。

日本の国会には，牛歩戦術なるものがある。国会における投票の際に，少数派が投票箱までの移動に時間をかけ議事を妨害する手段であることからそう呼ばれている。国会内におけるこの行動にどれだけの効果と意義があるかはさておき，少数派はこうした実践を通じて多数派に対抗する。国会の内外にかかわらず，少数派・弱者は何らかの術をもって多数派・強者に対抗する必要がある。少数派・弱者が社会において生き抜く力でもある。それは，デモ行進のような大々的なものとは限らない。むしろ置かれている環境に抗いよりよい未来を

「夢想」する，スケートボードやキックボードで都市空間を「滑走」する，カフェでお茶をしながら政府のコロナ対策を「批判」する，などなど少数派・弱者が多数派・強者に対抗する実践は日常的にみられる。その行為の良し悪しを倫理的観点から問うことをここでするつもりはない。考えるべきは，日常的な実践というものが，社会を構成するごく普通の，無名の人々の単なる物理的行為としてではなく，生き抜く術としてあるということである。そしてその術と行為は空間にも少なくない影響を与える。

日常的実践の学問的探究

私たちは，他者や事物との関わりのなかで日々生活をしている。人々の行為や事物の動向が相互に作用することで，社会は形作られている。相互に作用する人々や事物は相容れる関係もあれば，ある秩序から逸脱してしまうために抵抗を必要とする関係もある。社会的なものが各々に異質なのだから，同調，協調，交渉，調停，抵抗，反抗，敵対，適応など相互作用の仕方も多様性を帯びる。

日常的実践について学問的に探求した学者に，フランスの歴史家で社会理論についても研究を深めたミッシェル・ド・セルトー（1925～1986）がいる。ド・セルトーは，よく知られているように，その主著のひとつ『日常的実践のポイエティーク』（フランス語の原著は 1980 年に発刊）を通じて，戦略／戦術という一対の概念を提示した。戦略とは，「意思と権力の主体（所有者，企業，都市，学術制度など）が周囲の『環境』から身をひきはなし，独立を保ってはじめて可能になるような力関係の計算のこと」（ド・セルトー，1987: 32）である。そしてそれは，「自分のもの［固有のもの］として境界線をひくことができ，標的とか脅威とかいった外部（客や競争相手，敵，都市周辺の田舎，研究の目標や対象，等々）との関係を管理するための基地にできるような，ある一定の場所」（同上: 119）を前提としている。つまり，国家であれば，領土を確定し，その範囲内において自らの権力を行使する（他国の権利は大きく制限される）。さらにド・セルトーによれば，戦略は「視ることによって場所を制御すること」（同上:

120）でもある。それは視るという行為を通じて，「自分と異質な諸力を観察し，測定し，コントロール」（同上）することを意味する。都市の至る場所に設置された防犯カメラをそのような視線のひとつであると解釈することもできよう。

この戦略に対して，戦術とは，「自分のもの［固有のもの］をもたないことを特徴とする，計算された行動のこと」（p. 121）である。それは，他者によって管理される場所，すなわち「自分にとって疎遠な力が決定した法によって編成された土地，他から押しつけられた土地」（p. 121）における少数派・弱者の技である。これは別言すれば，権力を基盤とする土地において，権力およびその構造と闘う市井の人々の日常的な実践である。ド・セルトーはそれを「なんとかやっていくこと」と表現し，都市を歩くという行為にも無名の人々による空間的な実践を見出す。

日常的実践の現場としての空間

しかし権力を所与のものとして，それに対する抵抗という図式に違和感をおぼえる読者もあろう。上述の通り，人々や事物の間の相互作用の仕方は多様である。それにもかかわらず，戦略／戦術という二元論によって権力とそれに対する日常的実践を単純化することは，少数派・弱者の力を矮小化してしまうかもしれない。そう批判したのが，イギリスの地理学者ドリーン・マッシーである。

> これ（ド・セルトーの戦略／戦術：引用者注）は，「権力をもつ者」の一貫性と「秩序」が生産される均一性を過剰に評価しているだけでなく，「弱き者」の潜在的な力を減じ（ド・セルトーは正反対のことをしようとしているのに），「弱き者」と「権力」との関わりを曖昧にする（マッシー，2014: 92-93）。

さらにマッシーは，ド・セルトーが戦略／戦術を空間／時間の二元論として布置したことに対しても批判の目を向ける。つまりド・セルトーは，「戦略のほうは，時間による消滅にあらがう場所の確立に賭けようとする。いっぽう戦術はたくみな時間の利用に賭け，時間がさしだしてくれる機会と，樹立された権力に時間がおよぼす働きかけに賭けようとする」(p. 125) と論じる。ここでは戦略の基盤となる空間は固定的で不動のものとして位置づけられる。だからこそ戦術は時間を通して空間を脅かそうとする。しかしマッシーは，ド・セルトーが時間に関心を寄せる一方で，空間の概念化に積極的に取り組んでいないことを批判する（マッシー，2014: 92-97)。マッシーにとって，空間とは多様な事物の諸関係による産物であり，「つねに絶えず開かれていて，不断に生成のプロセスの中にあるべき」(マッシー，2014: 135) ものである。つまりド・セルトーが権力者にとっての固定的な存在と位置づけた空間を，マッシーは社会的諸関係が日常的実践（交渉や調停）を通して現れるものとした。このように空間を捉えることで，空間は権力者による所与のものではなくなり，権力対抵抗という二項対立を乗り越えることが可能となる。多様な人々と事物が蠢き，それらが調和もしくは不調和の関係を取り結ぶことで，空間が生産される。

日常的実践の場として島嶼空間を捉え直す

島嶼を日常的実践の場として捉え直す意義について考えてみよう。島嶼に限らず，人々が暮らす現場には等しく必ず何らかの日常的実践がある。それにもかかわらず，戦略／戦術の図式において島嶼の日常的実践を解読しようすると，大陸／島嶼，あるいは大陸に従属する島嶼という図式を再生産することに繋がりかねない。つまり大陸によって布置された空間としての島嶼と，その内部で抵抗しようとする島嶼（住民）という構図は，権力対抵抗という二項対立のみならず，空間が権力による所与のものであるという前提を受け入れることになる。島嶼（住民）が自律的に日常的な実践を行うためには，大陸と島嶼が等価であることを前提としなくてはならない。

ただし，このことは，社会秩序に抗う戦術としての日常的実践の一切が認められることを意味しない。否，社会秩序に抗っているかのような実践，例えば何の思想も理念も含まれない落書き（落書きの全てがそうとは限らないことも考える必要がある）が社会変革に繋がることはない。島の知とはなにか。それを改めて考えなければ，無意味な日常的実践が横行することになる。

（波多野想）

主要参考文献

セルトー，ミッシェル・ド（山田登世子訳）（1987）『日常的実践のポイエティーク』国文社。
マッシー，ドリーン（森正人・井澤高志訳）（2014）『空間のために』月曜社。

8 アーカイブズ

琉球政府文書が収蔵されている沖縄県公文書館の書庫
（出所）沖縄県公文書館提供

アーカイブズ学における論点

粘土板，パピルス紙，羊皮紙などを用いて，人間は古くから自分たちに必要な情報を文字で残すための努力を続けてきた。当初，それらは国家や権力者の財産管理のための記録であったが，フランス革命後のフランス国立文書館がよく知られているように，18 世紀末頃から公文書は国民の共有財産として保存・公開されるようになった。そのような流れとともに，公文書を含む人間の営みによって生まれた様々な記録をアーカイブズ[(1)]として適切に管理し，長期的に保存するための理論と実践を積み重ねてきた学問がアーカイブズ学であり，民主主義を支える土台として発展してきた。

国や地方公共団体などの公的な組織において，日々大量に作られる記録（公文書等）を全て適切に残すことは不可能である。そのため，アーカイブズの専門家であるアーキビストらによって一定の基準のもと「残すべき記録」が評価・選別されてきた。しかし20世紀後半に入り，従来の仕組みではマイノリティの記録が公的に残りづらいこと，そもそもどのような記録が作られ，残されるかは「記録する側」（行政の担当者・アーキビスト等）に任されており，「記録される側」（地域住民等）はその過程や記録の内容に関与できないなどの非対称性があることが指摘され，その解決のための議論と実践が続けられている。

アーカイブズ学におけるこのような論点は，島嶼地域の「当事者性」に重点を置き，島嶼の課題を自律的に解決し持続的に発展するための学術的方法論を創出する「島嶼地域科学」の理念とも共鳴する。島嶼における歴史・文化・アイデンティティのよりどころとなる様々な記録の保存・管理・公開に対して，当事者としての地域住民が関与していくための取り組みを概観する。

「自分たちの記録」への積極的な関与の流れ

「記録の非対称性」を克服するための方法として，記録管理の過程に専門家以外の一般市民が何らかの形で関与する仕組みづくりや「記録される側」が自主的に記録を残す取り組みが行われている。

オーストラリアでは，1997年に公開された「奪われた世代(2)」に関する報告書『ブリンギング・ゼム・ホーム』によって，アーカイブズ機関等による記録管理の問題が浮き彫りとなった。清原（2019）が詳述しているところによれば，当時，「自らのアイデンティティの証を求めてアーカイブズ機関にやってくる「奪われた世代」の人びと」らにとって，十分な資料目録が作成されていないことや閲覧のため法的な整備がなされていないことなど，様々な問題点が指摘された。これを受け，先住民の人々とアーカイブズ機関等との信頼関係構築のための試みのひとつとして，「信頼と技術」プロジェクトが進められた。このプロジェクトでは，まず記録の管理等に関する先住民へのインタビューと先住民が実際にアーカイブズ機関を利用した際の評価という二つの調査研究がなされ，その結果を踏まえてウェブ上のアーカイブズシステムの仕様書が策定された。この仕様書のポイントは，記録の所有について政府機関等による一元的管理からコミュニティとの多元的管理とした点と，記録の「共同作成者」として先住民の権利をみとめた点であるという。

公的な記録の保存対象となりづらい地域住民の日常的な記録や社会的マイノリティ（先住民，移住者，LGBT など）に関する記録を，各々のコミュニティが主体となって将来に継承するために保存・管理し，閲覧に供することを目的とするコミュニティ・アーカイブズ(3)の構築も，インターネットの普及ともあいまって，1990 年代後半以降増加している。イギリスではそのようなコミュニティ・アーカイブズを横断的に支援する組織として，The Community Archives and Heritage Group（CAHG）が設立されている。日本国内でも震災に関わる記録や地域の古い写真・映像を集めてウェブ上で公開する取り組みが，島嶼地域を含む各地で展開されている。今後，集められた記録の活用，記録間の関連性を強めるメタデータの付与と他のコミュニティ・アーカイブズとの連携，デジタルデータの完全性・信頼性・真正性などを維持した長期保存などといった課題を解決しながら，より利便性の高い仕組みづくりが望まれている。

島嶼における「記録の非対称性」

カリブ海にあるアメリカ領ヴァージン諸島の事例（Bastian, 2003）は，島嶼における記録管理を考えるうえで示唆に富む。17 世紀前半に西欧諸国がこの島々に入植し，1733 年にはデンマークによる統治が始まったが，1917 年にアメリカに売却され現在に至っている。統治者であるデンマークやアメリカが現地で作成した公文書の大半は，コペンハーゲンやワシントンの国立公文書館に移管され，1960 年頃に現地に残っていたのは，土地などの財産記録と警察の記録だけだったという。250 年以上にわたる島々の公的な記録のほとんどは住民の閲覧が現実的に大変困難だったが，それでも，島の人たちは自分たちの「記憶」を口承し，文章化して伝えてきた。それが「集合的記憶」として共有され，アイデンティティを形成してきたという。近年，移管された文書の一部はマイクロフィルム化され，諸島内で過去の「公式な記録」へのアクセスが徐々に可能となり，「集合的記憶」との齟齬を乗り越えた「記憶」の再構築が進められている。

このような事例は，遠い国の話ではない。1995年に沖縄県公文書館が設置された当時，琉球政府文書や沖縄県文書を中心に移管されたが，「そこにはぽっかりと大きな穴が開いていた」（仲本，2000）。戦後，沖縄を統治したアメリカ側の公文書はほとんど移管されることがなかったのである。米軍による沖縄統治の歴史を知るうえで重要な記録となるその「穴」を埋めるため，1997年度より沖縄県公文書館と国立国会図書館による「USCAR（琉球列島米国民政府）プロジェクト」が開始された。アメリカ国立公文書館に保管されているそれらの文書の収集が行われた結果，2003年度までに約350万コマが撮影され，現在，その多くが閲覧に供されている。

島嶼地域を支えるアーカイブズに向けて――地域との「対話」による模索

地域に生じた課題を解決するために，「記録」は大きな役割を果たす。過去にこの地域で同じような問題がなかっただろうか？　先人たちはその問題をどのように解決したのだろうか？　アーカイブズに残された「記録」が手助けとなるだろう。さらに，それらの記録や得られた解決策がインターネットを通して世界と共有されることで，同じような課題で悩んでいる他の地域の人たちにとっても重要な「資源」となるはずだ。

そのためにも，公的な記録管理に住民が関与できる仕組み作りには，アーカイブズ機関側だけでなく，地域の人たちも積極的に参加し，継続的に「対話」を重ねることが決定的に重要だろう。「対話」を通じて「記録の非対称性」を認識しあい，その解決策を模索しあうことで，記録に関わる人々が互いに尊重しあえるアーカイブズとなっていくのではないだろうか。大切な記録を長期的に保存・管理し，島嶼地域の強みである「独自性」，「多様性」，「結節性」が継承されていくためにもアーカイブズが果たすべき役割は大きい。

（佐藤崇範）

語句説明

（1）アーカイブズ：国際公文書館会議（ICA）の用語集では，次のように定義されている。①業務遂行の過程で個人又は組織により作成・収受されて蓄積され，並びにその持続的価値ゆえに保存された文書。②アーカイブズを保存し，閲覧利用できるようにする建物又は建物の一部。③アーカイブズを選別，取得，保存，提供することに責任をもつ機関又はプログラム。

（2）「奪われた世代」(Stolen Generations):「盗まれた世代」とも。19世紀後半から20世紀後半の70年以上にわたるオーストラリア政府による児童隔離政策によって，強制的に家族から引き離され，施設に送られた「混血」のアボリジニの児童を中心とした子供たちを指す。

（3）コミュニティ・アーカイブズ: CHAG のウェブサイトでは，「1．コレクションの対象がコミュニティであるもの。同じ場所に住む人々のグループだけでなく，同じ関心をもった人々のグループも含む。2．コレクションを作成する過程でコミュニティが関与しているもの。一般的にはボランティアが重要な役割を果たすが，時にはプロのアーキビストと一緒に活動することもある」と紹介されている。

主要参考文献

清原和之（2019）「オーストラリアにおける先住民の記録の管理と記憶の継承――レコード・コンティニュアム理論が拓く多元的管理の可能性」『アーカイブズ学研究』第30巻。

仲本和彦（2000）「米国による沖縄統治に関する米国側公文書調査・収集の意義と方法」『沖縄県公文書館研究紀要』第2号。

Bastian JA (2003). *Owning memory: how a Caribbean community lost its archives and found its history.* Libraries Unlimited.

第Ⅱ部

「巡り合うこと」から考える

9 コミュニティ創造の基盤としての記憶

2016年に開催した普天間キオクマップワークショップ（地域住民の記憶をマッピングした）（出所）筆者撮影

記憶を考える難しさ

人文学・社会科学で記憶研究が注目されてからすでに長い年月が経過し，これまでに多くの研究成果が生み出されてきた。それでもなお島嶼において記憶に注目し続ける必要がある理由は簡単である。本書第Ⅱ部以後の各論点のいずれもが過去から現在，そして未来へと向かう時間的・空間的連続性のなかで形成されたものであるからだ。否，連続性というより，過去・現在・未来が相互に浸透し合う状況，比喩的に言えば，平安時代公家の女性の正装であった十二単が衣と衣が折り重なりながら外へと拡がる様子の方が近いだろう。つまり過去と現在は多様な事物を通して相互に関わり合いながら未来へと向かっていく。そして事物の生産と再生産は，記憶を紡ぎ将来へと受け渡す。このように言えば，記憶なき社会や世界を想像することが極めて難しいことが理解されるだろう。

しかし，記憶の内容が過去の物質や出来事と同一とは限らない点に留意する必要がある。自身の周囲で起こった過去の出来事に関する記憶が曖昧になったり，知人との対話を通じて事実と異なる内容に記憶が変容する可能性があることは経験的にも理解されよう。したがって史実と異なる内容が人々の記憶の伝達を通して将来へと受け継がれる場合も考えられる。

さらに，記憶の内容が地域社会，国家，あるいは世界に係る出来事である場合，その記憶は社会的に生産されたものと，（時に批判的に）考える必要がある。例えば，地域でよくみかける銅像や記念碑は，地域（や企業）の発展に功績があった人物をたたえたり，地域や農地の開拓を記念するものである。国にとって歴史的価値や文化的価値が高いとみなされる事物は法律によって重要文化財や国宝として指定され，その事実が喧伝される。国際連合の専門機関であるユネスコ（国際連合教育科学文化機関）は，人類にとって「顕著な普遍的価値」を有する事物を世界遺産に登録し世界に伝える。これらの事例を考える上で注意しなくてはならないのは，称賛，記念，指定，登録等には必ず何らかの行為主体が存在しているということだ。銅像はいつの間にかそこにあるわけではない。その建造には，設置に先立って，自治会，地域有志，自治体，あるいは企業などの「建てる」という意思が働いている。その意思に基づいて建造された結果，銅像の主による事績は，社会において共有可能な状態となり，その事績を知らない人々の記憶としても定着する可能性へと開かれる（このことを批判的に捉える必要がある事例は多数ある。また歴史教科書へのある出来事の不記載がその出来事の記憶化を（忌避である場合も含め）妨げる行為であることも，記憶のあり方として同時に考えるべきである）。

記憶の共有性

社会的・文化的記憶は，物体，イメージ，表象等の生産を通じて共有可能なものとなる。それらの生産過程において特定の出来事や人物に対して主体が考える意味が付与され，生産物を通じて記憶として共有される（マリタ・スターケン，2014）。別言すれば，主体によって付与される意味によっては，それが社会的な問題となる可能性もある。しかし問題化し得る状態になるということは，出来事の記憶を介した共有化とはモノと人，さらに人どうしの対話がなされる場の創出をも意味する。アライダ・アスマン（2019: 22）は次のように述べる。

> 文化的記憶とはつまり，受動的な〈蓄積的記憶〉のものだけをいうのではなく，この過去をまさに再活性化すること，そしてその過去を，能動的な〈機能的記憶〉として皆で自分のものにする可能性を含んでいる。これが意味しているのは，〔過去を〕個人や集団で再び我がものにするプロセスを可能にする参加の構造が，重要な役割を果たしているということだ。これら全てによって，文化的記憶は，百科全書的な知識という抽象的な道具だてとは区別される。百科全書的な知識は普遍的に通用するが，アイデンティティとのつながりはない。

つまり，地域内で紡がれる記憶は，その地域内における対話に開かれた存在なのである。

地域における過去の事物の共有化プロセス

2010 年，筆者が勤めていた台湾の大学が中心となって，台湾北東部の金瓜石において，大学による研究成果を小学校における郷土学習の一貫で児童へ還元する取り組みを行った。金瓜石は，主に日本統治時代に積極的に開発された金山で，いまでも数多くの産業遺産が残り，一部は文化遺産としての指定を受けている。1980 年代に閉山した同地も人口減少という課題に直面しているものの，一定数の小学生が居住し，地域の小学校で学びを深めている。我々が行った取り組みは，当時の小学生に郷土の歴史を伝え，その価値を知ってもらい，将来のまちづくりに活かしてもらうことを目的とした。具体的には，大学教員・大学院生の説明を聞きながら地域を歩いてもらい，学びの成果をマップに仕上げてもらうというものであった。そのプロセスは，大きく以下の 4 段階を経た。

① 建築史学的研究により，地域に残る施設の建設年代や建築的特徴（構造，屋根葺き，様式等）を解明
② 児童と地域を歩きながら，大学教員と大学院生が各施設について説明
③ 児童たちは説明をノートの記録し，各施設の価値を自ら判断
④ 児童たちが地域の財産として残すべきと判断した施設を掲載するマップを自ら作成

このようなプロセスを経て，地域内の施設の一部に対して児童たちによる意味が付与され，マップを通して共有可能な記憶が生産された。このプロセス自体が極めて重要な意味をもっている。つまり上記①において，各施設に係る研究成果はあくまでも大学で共有されている情報に過ぎない。しかしその内容を公開した②の段階で，そこには意味付与者が児童に伝えたいと考える「意味」が選択されている。さらに③の段階では，意味の受け手である児童たちが自ら対象の価値を判断する。この段階で，意味付与者が考える価値と受け手による価値判断は異なる可能性がある。事実，日本統治時代に建設された住宅の歴史的価値を意味付与者が説明した際，まさに日本統治時代のモノであるがゆえにそこに価値を見出さない児童がいた。そして各児童が多様な価値判断をしたうえで，④において児童間で対話を通じて，マップに掲載すべき対象とその説明が切り取られていく。この段階で主体＝児童たちが共通して残したいモノが選択されている。

つまり，実際の活動は，大学側が設定した目的よりも複雑に，地域に残る過去の物質に対して，時に大学側が定位したものと同一の価値を，時に相反する価値を児童たちは判断し，それに基づいてマップが作成され，共有可能な記憶として対話に開かれるものであった。このことは地域コミュニティによる記憶の選択可能性の存在を意味し，さらに対話に基づく記憶の再編成の可能性をも意味している。

島嶼コミュニティにおける記憶の意味

これまでにみてきたように記憶は，共有可能性，選択可能性，対話による再編成可能態として，地域に開かれた存在である。そのことをもって，記憶の不安定性を危惧することもありえる。事実，脆弱な社会基盤しかもたない島嶼地域においては，中央（あるいは大陸）によって付与された意味に基づいて生産された物体やメディアを通じて，中央の思惑にしたがう記憶が生産されかねない。しかしだからこそ逆説的に島嶼の自律性構築にとって，記憶に対する島嶼住民の当事者意識が必要不可欠である。

（波多野想）

主要参考文献

スターケン，マリタ（岩崎稔他訳）（2004）『アメリカという記憶――ベトナム戦争，エイズ，記念碑的表象』未來社。

アスマン，アライダ（安川晴基訳）（2019）『想起の文化　忘却から対話へ』岩波書店。

So Hatano, Hui-ju Lin, (2021) “Cultural Heritage and Its Authenticity: Spatialization of Local Pasts through Making Models in Jinguashi Mine, Taiwan”, okinawan Journal of Island Studies, Vol.3-2.

10 つながる人々

International Women's Network Against Militarism　Webサイト
（出所）筆者によるスクリーン撮影

島と島人のつながり

島人が当事者としての視点で想像し創造する「島」とはどんなものだろうか。大陸の視点で大陸と対比によって想像され，創造される「島」と同義語だろうか。狭小性，遠隔性，脆弱性と言った負のイメージは，多くの場合大陸の視点によって地理的特徴を強調した島嶼を他者化し，島の歴史や，社会，文化，政治空間として形成される島嶼社会の主体性を不可視化してきた。その結果，島人の生活の場としての島は，大陸からの観光客をもてなすための避暑地や楽園として想像され，そのなかで想像される島人は，土着文化で観光客をもてなすホストとしてのイメージが強調されることがある。

このように大陸の視点から想像される島や島人の表象に対して，島嶼研究者は，島嶼の当事者性に着目することによって，島の概念の再定義を行ってきた。その象徴的な学際的活動の発信と議論の場として，英文国際学際誌『島 Shima』がオーストラリアを拠点に2007年から発刊されてきた。その名の通り，英語圏を中心に概念化された“アイランド”（island）からの意識的なパラダイムの転換を行うために，日本語の“島”を学術誌のタイトルとしている。ここでいう“島Shima”は，奄美を含む琉球列島の島人の定義を採用している。琉球列島における“島”は，島の地理的条件と文化的実体の相互作用によって形成される「コミュニティ」であり，島内の地域ごとに形成された共同体の空間をあたかも島のように想像する様子を表している。

沖縄においては，現在でも地域の共同体の単位を「シマ」とよぶことがある。『島Shima』創刊号で島嶼研究者の諏訪淳一郎がいうように，「島」は，共同体の単位の集合からなるコミュニティであり，「文化的景観」である。諏訪によると，文化的景観とは，「人間が環境に与えた影響の表れであり，視覚や他の感覚を通して現れるものである。想像力の作品としての島と，地理的特徴としての島は，お互いを映しだす鏡となる。島は，イベントである」。本項では，「文化的景観」としての島の概念をさらに発展させ，生活の場としての島で生きる人間の文化的空間が，島内に限らず，島を取り巻く海域，他島嶼地域，そして大陸との関係性を構築する文化的景観，つまり，海を文化的「イベント」としてまきこむ人々の「つながり」について考えてみたい。

人々をつなぐ海

2016年の夏，二重船体のカヌー ホクレア（Hōkūle‘a）がアメリカ・フロリダ州のキーウェストからニューヨーク州マンハッタン島への到着に成功した。ハワイで継承されている先祖伝来の航海術と，ミクロネシアの先住民サタワラセのグランドマスターナビゲーターであるマウ・ピアウグ（Mau Pialug）に教わった知識と，太陽，月，星，雲，風，波，そして人間以外の多様な生物の行動を分析し航海したホクレアは，ハワイ列島に最初のポリネシア人を到来させた船として知られているが，もう600年以上前に目撃されてからは航海が閉ざされていた。しかし1970年に，ポリネシア航海協会（Polynesian Voyaging Society）の努力で復元され，過去30年間に22万km以上を航海したという。

このイベントは，島嶼の人々の航海技術の高さを再確認させ，太平洋島嶼地域を不毛，幼稚，原始的，技術的に無能とする植民地下に形成された概念を書き換えるものであった。その目的は，「持続可能な生活を実践しながら，共有し，学び，グローバルな関係を気づき，私たちが故郷（home）とよぶこの貴重な場所の素晴らしさを発見することで，アイランド・アース（Island Earth）の全ての人々を巻き込む」ことである。ホクレアの有名な航海者として知られるナノア・トンプソン（Nainoa Thompson）は，こう話している。「私たちは世界を変えようとしているのではないが，世界を変える地球上の人々のネットワークを構築しようとしているのだ」。

アイランド・アースの概念は，大陸中心的枠組みにとらわれない代行的な比喩としての島嶼地域の空間を考察する。ホクレアが示唆するのは，島嶼地域の人々が古代からお互いの「島」を往来し，太平洋を島人の生活の場，つまり，海を彼らの文化的，社会的空間として想像していたことではないだろうか。

脱植民地化のつながり

島人は言語や部族，国境の枠組みを超えて，島嶼間で経済的，文化的，そして社会的な交流や営みを構築し，時には他島嶼地域へ滞在，移住，定住，帰化してきた歴史をもつ。「島」の間を移動する過程では，海を越えた人と生態系の関係性を結ぶ島嶼の文化空間が概念化される。海を越えたトランスオーシャニックな島嶼の文化的空間は，研究や議論の客体としての島を定義してきた，狭小性，遠隔性，脆弱性，不動性に限定されることを否定するばかりではなく，島嶼住人の複雑な他島嶼地域との繋がり，相互依存性，多様性，生産性に焦点を置くことを可能にする。

トランスオーシャニックな文化空間としての島嶼地域は，例えば，アメリカによる太平洋地域の軍事化とその暴力に抗する人々のつながりを創っている。特にアジア，太平洋島嶼地域は，歴史的に，ポルトガルやスペインを始め，日本やアメリカによって植民地化された歴史を共有している。ミクロネシアの最大の島であるグアムは，スペイン，日本，アメリカ合衆国による支配を経て，

1898年からはアメリカ合衆国準州となり，米軍軍事施設が島の30%以上を占めている。また，マーシャル諸島共和国のビキニ環礁で，1946年から1958年にかけて23回にわたって行われたアメリカ合衆国の核実験場となり，ビキニ諸島の島民は，強制移住を強いられた。かつて琉球王国（1429-1879）であった沖縄は，1609年の薩摩による軍事的侵略をうけ，1879年の明治政府による琉球処分で強制併合され，沖縄と改名された。第二次世界大戦においては，日米の地上戦が繰り広げられ，県民の4人に1人が戦死した。戦後の1945年から1972年までの27年間，沖縄は米軍支配下に置かれた。日本復帰後も，国土の0.6%の沖縄県に全国の在留米軍基地の70%以上が駐留し，基地関連の環境汚染や米軍関係者による住人への性的暴力が絶えない。1995年9月に起こった3名の海兵隊による12歳の少女への暴行事件は，1945年の沖縄戦から米軍支配，そして現在も続く米軍基地と軍隊による暴力の解決に向けた非営利団体，「沖縄：基地・軍隊を許さない女たちの会」（女たちの会）を発足するきっかけとなった。同年に発足した女たちの会は，軍隊を送り出すアメリカ市民と直接問題を議論し解決策をともに考えるために，発足の翌年1996年に訪米した。女たちの会の訪米を機に，沖縄における米軍の暴力の問題は米軍の女性たちの問題であると理解した女性たちが「真の安全保障を目指す女性たち」（Women for Genuine Security）を結成した。その翌年には，アジア太平洋地域の米軍駐留と軍事主義の問題に取り組む目的で，「軍事主義を許さない国際女性ネットワーク」（International Women's Network Against Militarism，以下IWNM）が発足した。IWNAMは，沖縄やアメリカの他にも，フィリピン，韓国，日本，グアム，ハワイ，プエルトリコが参加し，アジア太平洋地域に集中する米軍基地の被害の情報や分析，支援方法を共有し，安全保障を女性の視点から問い直すトランスオーシャニックな脱軍事化に向けた文化的空間を創造している。

（宜野座綾乃）

主要参考文献

International Women's Network Against Militarism. http://iwnam.org.（2021年8月

18日閲覧）

Polynesian Voyaging Society. Moananuiakea Voyage. https://www.hokulea.com/voyage/2016-east-coast-us.（2021年8月18日閲覧）

Suwa, Jun'ichiro（2007）"The Space of Shima,"Shima: The International Journal of Research into Island Cultures 1(1), pp. 6-14.

11 「コンタクト・ゾーン」としてのハワイ
――沖縄系移民の視点から――

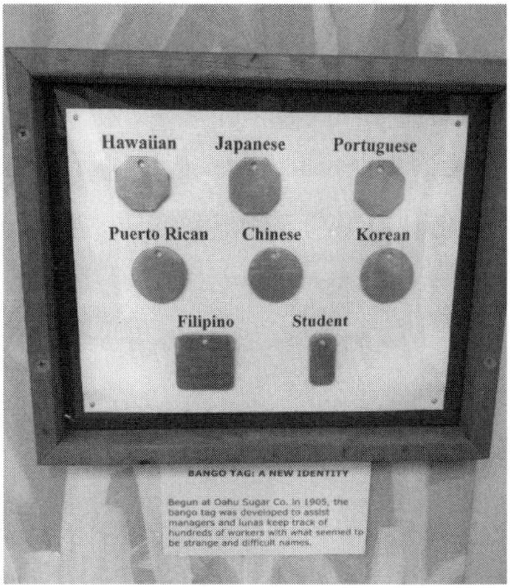

エスニック集団別に形の違う番号札 （出所）ハワイプランテーション・ビレッジ所蔵（筆者撮影）

「コンタクト・ゾーン」としての島嶼

「コンタクト・ゾーン」とは，植民地的な関係のなかで生じる異なる文化の接触空間を示す概念である。メアリ・ルイーズ・プラット（Mary Louise Pratt）の著書 *Imperial Eyes: Travel Writing and Transculturation*（1992）において提唱されたその概念は，支配する文化と支配される文化の接触空間を示す。ここでいう「接触」とは，単なる異文化の表面的な接触ではなく，支配と従属という非対称的関係性のなかで異文化が遭遇することを意味する。「コンタクト・ゾーン」の概念は，支配する側からの一方的な影響や視点を強調するのではなく，支配される側の主体を重視し，主体は接触する際の相互交渉のなかで生成されることを前景化する。

琉球大学国際沖縄研究所（現島嶼地域科学研究所）は，学際的共同研究プロ

ジェクト「人の移動と二一世紀のグローバル社会」(2008~2013年)の成果論文集のひとつである『沖縄・ハワイ コンタクト・ゾーンとしての島嶼』(彩流社，2010)において，「コンタクト・ゾーン」の概念を島嶼地域に応用することに挑戦した。研究代表者の山里勝己は，沖縄やハワイは，アメリカとの関係のなかで非対称的な文化が遭遇し，衝突し，格闘してきた「コンタクト・ゾーン」として見ることができると述べ，その接触空間で創造される文化生成の様相やメカニズムを明らかにすることは，今を生きる島嶼地域の人々のアイデンティティの歴史的形成過程を理解する上で重要であると論じた。さらに，「コンタクト・ゾーン」が「島」という「物理的に囲い込まれた濃密な接触空間で形成された場合に，どういう現象が生起するのか」と問立てをし，その概念が他の太平洋島嶼地域との比較研究にも発展し応用し得る概念であると指摘した。

「コンタクト・ゾーン」としてのハワイ

「人の移動」の歴史をグローバルな視点で研究した社会学者のロビン・コーヘンは，オリビア・シュリンガムとの共著 *Encountering difference: diasporic traces, creolizing space* (2016) において，島嶼地域の歴史，文化，社会，そして人々のアイデンティティについて「コンタクト・ゾーン」の概念を用いた考察を試みた。その著書によれば，西洋による植民地主義によって推進されたプランテーションの多くが植民地化された島々で展開され，奴隷，先住民，移民など労働を強いられた文化背景の異なる人々は「コンタクト・ゾーン」を通して島嶼特有のクレオール文化や社会的アイデンティティを形成させた。

ハワイでは，19世紀半ばから20世紀初頭にかけて，アメリカ資本の大規模な砂糖プランテーションの開発が展開された。プランテーションの労働者としてポルトガル，プエルトリコ，フィリピン，中国，韓国，日本，沖縄などの国や地域の人々がハワイに渡った。労働者の連帯を避けるために，あえて様々な地域から移民を受け入れ，労働者の統治戦略として「分割統治」が行われた。労働者はエスニック集団別に同一集団として一括りし，形の違う番号札を与え，賃金格差を設け，別々のキャンプに住まわせた。原知章 (2013) によれば，労働移民たちは，文化的差異が顕著であっても「エスニックな労働者」としてカテゴリー化され，労働者の「規律・訓練」がなされた。プランテーションの歴史を辿ると，経済的収奪の対象とされてきた島々の歴史，また土地を略奪された先住民と労働を強いられた人々の文化とアイデンティティの多様性を破壊してきた暴力の歴史が見えてくる。

写真 11-1 ハワイの沖縄系移民の歴史に関する英文書籍（1981）

沖縄系移民とハワイ・プランテーションにおける主体形成

20 世紀初期，沖縄からハワイへ渡った人々は，プランテーションでどのような経験をしたのだろうか。沖縄からの海外移民が始まったのは，琉球王国の滅亡から僅か 20 年後の 1899 年だった。日本による琉球併合後の地割制度の廃止と新しい土地整理法の発布がプッシュ要因になり，出稼ぎや徴兵拒否を理由に，多くの人々がハワイや太平洋島嶼地域，南北アメリカ等に離散した。沖縄から最初の移民先はハワイであった。

Uchinanchu: A History of Okinawans in Hawaii（1981）（**写真 11-1**）に掲載されているオーラルヒストリーには，初期のハワイの沖縄系移民が労務管理上は「日本人」として一括りにされた一方で，異なる言語や文化のため日本からの移民によって差別にさらされたこと分かる。例えば，旧羽地村出身のバイシロウ・タマシロ（1887 年生まれ，1906 年移住）のオーラルヒストリーには，日本からの移民による差別の経験が語られている。ハワイに向かう途中 3 カ月間滞在した横浜の宿舎において，沖縄出身者は日本出身者が残した食べ物を与えられた。また，ハワイで，日本出身の女性に，「あら，しっぽがついていないのね」と言われ，沖縄出身であることで馬鹿にされた。また，サトウキビプランテーションにおける過酷な労働についての経験が語られている。労働者は番号札を与えられ，ルナと呼ばれるプランテーションの管理者に絶えず監視され，「休

む暇などなく，機械のように働いた」。サトウキビの切り残しがあるとポルトガル人のルナに怒鳴られ，口論になると給料を減らされた。その不当な扱いに耐えられず，農業主に抗議したが，解雇され，別のプランテーションに移動した。一方で，彼は多くの中国系移民やフィリピン系移民と接触し，生活の基盤を拡大していった。例えば，沖縄から結婚相手の女性を呼び寄せるため，中国系移民から経済的な支援を得たという。

沖縄系二世のフィリップ・イゲ（1925年，オアフ島生まれ）の自伝的回想には，プランテーションにおける沖縄系移民としてのアイデンティティの揺らぎが読み取れる。沖縄にルーツをもつことが差別の対象になることに気づいたフィリップは，ルーツに対して「不安感」を抱きながらも，「沖縄人とは何か」を問いながら，プランテーションに生きる様々な人々との接触を通して，その答えを模索した。靴磨きの仕事で知り合ったフィリピン系移民やパン屋を営む中国系移民との出会いを通して，沖縄人としての自己の多様な立ち位置を認識した。例えば，「沖縄人は日本人と違うのか」というフィリップの質問に対して，フィリピン系移民の男性は，“No, you not Japanee” と言いながら，結局は日本人も沖縄人も，フィリピン人も「みんな同じ。食べていくためにしっかり働き，休むべき時は休む」と答える。このように，フィリピン系移民との関わりのなかでエスニシティを超えた労働者としての自己への気付きもあった。プランテーションにおける様々な人々との日常レベルでの接触を通して，イゲが沖縄系移民二世としての主体的な自己形成の過程を経ていたことが分かる。

セトラー・コロニアリズム（Settler Colonialism）

プランテーションを生きた沖縄系移民の語りには，ハワイの先住民との関わりについての言及は少ない。また，ハワイで「アメリカンドリーム」を手に入れようと，プランテーションでの過酷な労働や差別に耐え，ハワイにおいて生活基盤を確立し，「日系」とは異なる独自のコミュニティを築いてきたという成功物語が語られることが多い。しかし，カレン・コササ（2008）は，ハワイで語り継がれるプランテーション労働移民の苦難と成功の物語は，植民地化の歴史を隠蔽する「抹消の行為」(Acts of Erasure) であると指摘する。それは，プランテーション・システムの導入によるハワイ先住民の土地の収奪，移民労働者たちによるハワイ植民地化の加担，アメリカによる非合法なハワイ併合といった植民地化への歴史を隠蔽することにつながるのだ。語られない経験についても批判的に分析し，「コンタクト・ゾーン」における集団間の力関係を分析する必要がある。ハワイの島々での先住民との「接触」は，沖縄系移民にいかなる主体の形成を可能にさせたのだろうか。

(山里絹子)

主要参考文献

石原昌英，喜納育江，山城新編 (2010)『沖縄・ハワイ　コンタクトゾーンとしての島嶼』彩流社。

原知章 (2013)「ハワイにおける砂糖革命と多民族化 1850-1920」『人文論集』。

Kosasa, Karen K. (2008). "Sites of Erasure: The Representation of Settler Culture in Hawaii." Candace Fujikane and Jonathan Y. Okamura, eds., *Asian Settler Colonialism: From Local governance to the Habits of Everyday Life in Hawaii,* edited by University of Hawaii Press.

12 オキナワ・ディアスポラにおける Irei no Hi の実践

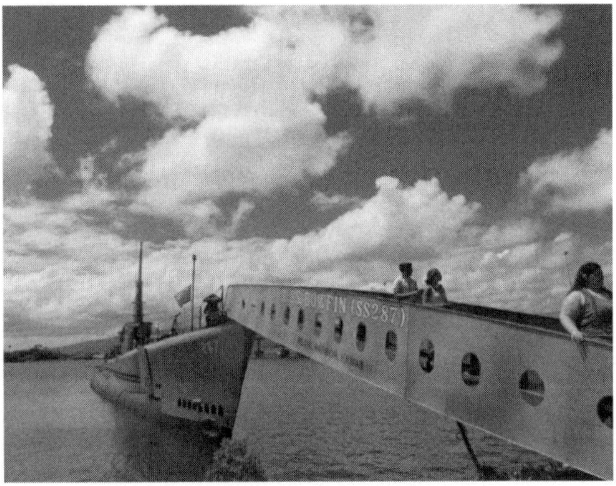

USS ボーフィン潜水艦博物館 （出所）筆者撮影

オキナワ・ディアスポラ

ディアスポラとは，国家を超えた人々の「離散」もしくは，「離散した人々」を意味する。それは，迫害や追放により離散を余儀無くされたユダヤ人の亡国離散を指す概念であったが，国境を越える人の移動が活発になるにつれ，郷里からの自発及び非自発的な離散にも使われるようになり，国家に縛られない人々の生活や文化，また自己意識やコミュニティーの形成について理解する視座として用いられてきた。ロジャース・ブルーベイカー（2009）は，「ディアスポラを，境界づけられた集団としてではなく，むしろ実践，事業，企図，態度などのカテゴリーとして扱うこと」の重要性を指摘した。「実践カテゴリー」としてのディアスポラの概念は，我々に国家の在り方を問う視点，特に，社会的包摂や排除に対峙し，個々の多様性を尊重する視点を与えてくれる。

沖縄からの離散も，ディアスポラとして捉えられる。沖縄からの離散は，日本による琉球併合後，日本の近代化の体制に組みこまれていくなかで始まり，ハワイ，太平洋島嶼地域，南北アメリカ等などに広がった。さらに沖縄戦後のアメリカ統治下，基地建設を理由に土地が奪われ，多くの沖縄の人々が郷里からの離散を余儀なくされた。ディアスポラの視点は，沖縄からの離散を単なる地理的に捉えるのではなく，沖縄からの離散者が，国家の枠組みを超え，郷里及び異郷との文化的・精神的な関係性のなかで，いかに集合的な意識を形成してきたのかを問う視点を与える。*Uchinaanchu Diaspora: Memories, Continuities, and Constructions*（2008）は，沖縄から離散した人々によって創造される文化，アイデンティティ，コミュニティの様相についての英語論文集である。

ハワイにおける沖縄系コミュニティの形成と変容

ハワイへ離散した沖縄の人々は，どのようにコミュニティを形成し，それは世代を超えてどのように維持されてきたのだろうか。プランテーション労働者としてハワイの島々に渡った一世のオーラルヒストリーには，異なる文化や言語を理由に「移民」として，「オキナワン」として，ハワイ社会における「二重の差別」を経験したことが記録されている。1920年から1930年代，沖縄からのプランテーションの労働者は，より良い職業に就くためオアフ島都市部のホノルルに渡ったが，その頃に同郷人どうしの相互扶助を主な目的として，出身集落を単位にした多くの沖縄系郷友会を結束した。しかし，日米開戦により日本人や日系アメリカ人の活動が制限され，沖縄系郷友会の活動も制止された。

1948年，沖縄戦で荒廃した郷里を救済するため，沖縄救済運動がハワイの島々で展開した。郷友会で培われたネットワークを活用し，さらに，琉球芸能など文化的な催しを通して，救済物資や寄付金の収集を行った。沖縄戦を救済するという共通の目的の下，ウチナーンチュという集合的なアイデンティティが育まれていったのだ。現在のオアフ島には，合計40ほどの郷友会がハワイ沖縄連合会の下部組織として存続し，ハワイ沖縄連合会の活動を支える重要な役割を担っている。

世代交代が進むなか，ハワイの沖縄系コミュニティは衰退せず，1980年代に活性化していく。その社会的要因として，社会学者の白水繁彦は『エスニック文化の社会学』(1998) のなかで，次の4つを指摘する。ひとつ目に，戦争に従事した二世がアメリカ軍から支給される奨学金で高等教育を受け，経済的・社会的地位の向上を経験した事，二つ目に，郷土芸能の交流や教育交流を通して沖縄との関係が活発になった事，三つ目に，三世たちが沖縄へスタディーツアーに参加し，リーダーとしての自覚が芽生え，コミュニティの活動を支えるようになった事，四つ目にアメリカにおける公民権運動やルーツ探しが重要視され，ハワイにおいてもハワイアンの言語文化の復興に関する活動が高まり，その影響も受けた事を指摘している。

Irei no Hi の実践を通したコミュニティの次世代継承

ハワイでは，沖縄系コミュニティの次世代継承のための様々の取組がある。沖縄戦をコミュニティの歴史として次世代へ継承する Irei no Hi の実践がそのひとつである。慰霊の日とは，沖縄県が制定する沖縄戦等の戦没者追悼日である。沖縄では，毎年6月23日に県主催の式典が糸満市の平和記念公園で行われる。また，学校では6月になると平和学習が行われ，沖縄戦の次世代への継承への取組がなされている。2005年に始まったハワイの Irei no Hi も沖縄の慰霊の日に合わせて開催される。そこでは，ハワイに在住する沖縄戦体験者に自身の戦争体験を語ってもらうことが重視されている。戦争体験者の語りをコミュニティで共有し，祖先が経験した沖縄戦の記憶を次世代に継承する試みである。

ハワイ在住の沖縄戦の体験者の多くは，戦後沖縄からハワイに移住した沖縄の女性たちだ。女性たちの語りは，ハワイに蔓延するアメリカの軍事主義的な戦争のナラティブに拮抗する。日本軍による真珠湾攻撃の場となったハワイでは，アメリカ兵士の視点で太平洋戦争が語られ，アメリカ兵の犠牲とヒーロイズムが強調されることが多い。例えば，パンチボールと名付けられた国立太平洋記念墓地は，太平洋戦争で戦没したアメリカ兵士の墓地であるが，太平洋の島々のアメリカの戦争についての記述が軍事主義的な視点で語られている。いつ，どの島に，どのくらいのアメリカ兵士が動員され，どのような攻撃をどのように戦略的に行ったのか，矢印や日付が記載される地図があり，隣接する説明文には，戦場となったその島々における人々の経験や証言は記述されていない（**写真12-1**）。

写真12-1 国立太平洋記念墓地における沖縄戦の説明
（出所）筆者撮影

さらに，真珠湾アリゾナ記念碑に隣接するUSSボーフィン潜水艦博物館公園には，ボーフィン潜水艦が博物館としての機能を備え展示され，「真珠湾の復讐者」としてその業績を称えられ，アメリカ軍事力が誇示されている（**冒頭写真**）。ボーフィン潜水艦に攻撃され，海に沈んだ沖縄戦の学童疎開船・対馬丸の犠牲者の声は聞こえてこない。

ライフストーリーを語る／聴くこと―レジリエントなコミュニティへ

沖縄戦を体験した沖縄の女性たちは，戦争で命を失った死者と自分との関係に重きを置きながら自分の人生を振り返る。ナラティブ心理学者のやまだようこ（2021）は，ライフストーリーを語るという行為は，自分の人生における経験を組織化し意味付けする行為であり，「自己の人生の物語」を語ることは，自己のレジリエンスを育むと論じる。沖縄戦を経験しハワイに戦後移住した沖縄の女性たちの戦争体験の語りも，「喪失の語り」（やまだ2021）であり，大きな物語としての移民の成功物語とも，軍事主義的なナラティブとも，大きく異なる。

ハワイにおいて自らの沖縄戦体験を語る際，語り手は戦争で亡くなった人々の死とその人々が生きたライフストーリーについて語る。死者と繋がりのなかで，自分の人生（いのち）に対する意味付けを行いながら，自己のライフストーリーを語る。一方で，聞き手は，語られた「生」と「死」に向き合い，自分の人生を捉え直す。聞き手と語り手の共同作業による Irei no Hi のナラティブは，コミュニティにおける個々人の「生きられた経験」の多様性を認識させ，互いの「生」に対する共感と理解，そして責任感を育み，コミュニティのレジリエンスを醸成させる。

2020年，コロナの感染拡大によりIrei no Hiの開催が危ぶまれたが，若い世代がリーダーシップをとり，オンラインの開催を実現させた。これまではオアフ島で開催されていたIrei no Hiだが，オンライン開催によって他のハワイの島々やブラジルやペルーなどの沖縄系コミュニティの人々の参加が可能となった。ハワイ以外の沖縄系コミュニティでもIrei No Hiが実践されている。オキナワ・ディアスポラにおけるIrei no Hiの実践は，国家主義や軍事主義の戦争のナラティブに回収されない，沖縄戦の記憶とライフストーリーを地域や国を超えて共有し継承するレジリエントなコミュニティの創造へとつながっていく。

（山里絹子）

主要参考文献

Brubaker, Rogers.（2005）“The ‘diaspora’ diaspora,” Ethnic and Racial Studies, Vol.28（1）, pp. 1-19. 邦訳は赤尾光春訳「「ディアスポラ」のディアスポラ」臼杵陽監修，赤尾光春・早尾貴紀編集『ディアスポラから世界を読む』明石書店，2009年。

Ikeda Kiyoshi and Joyce N. Chinen（2008）. *Uchinaanchu Diaspora: Memories, Continuities, and Constructions*, University of Hawaii.

やまだようこ（2021）『ナラティブ研究——語りの共同生成』新曜社。

13 アイランド・フェミニズム

「創造のアクション」（出所）筆者撮影

アイランド・フェミニズムとは

「アイランド・フェミニズム」(island feminisms) とは，島嶼のフェミニズム，あるいは，島嶼におけるフェミニズムであり，島嶼や島嶼性に着目した女性解放の理論と実践である。アイランド・フェミニズムは，ごく新しく，2017年のマリナ・カリデス (Marina Karides) の「なぜアイランド・フェミニズムか」(“Why Island Feminism?) が，その枠組みを提示したと言えるだろう。比較的新しい理論的枠組みとしてのアイランド・フェミニズムを理解するために，その用語を構成するアイランドとフェミニズム，つまり，フェミニズムの理論の必要性，目的，可能性を，その背景にある島嶼研究における課題を踏まえながら考えてみたい。

島嶼との関連性

アイランド・フェミニズムの枠組みが形成された背景には，1990年台半ばに始まった，島嶼研究のあり方，さらには，島嶼の定義自体を見直す動きがあった。1994年に発足した国際島嶼学会（International Small Islands Studies Association）と，2012年より刊行されている *Island Studies Journal* は，「島嶼独自の条件のもと，島嶼に関連する課題である島嶼性や狭小性，偏狭性，依存性，リソースマネジメント，環境，島嶼の自然を自由に学問的に議論する」を掲げ，国際的島嶼ネットワーク形成に尽力してきた。この動きは，主に島嶼の地理や環境に焦点を当てた，移動や観光，アート，経済成長の地域研究を中心に展開された。これらの多分野における島嶼の地域研究は，大陸の対極に位置付けられ定義されてきた島嶼に対し，その豊かさや優位性を強調しつつ，その二項対立の図式を再検討する研究の発信につながった。しかし，カリデスは，島嶼の研究が進む一方で，島内または島嶼間における社会的格差やヒエラルキーの問題が置き去りにされ，植民地主義や国家によって形成された島嶼空間や場所のジェンダー化，また人種やセクシュアリティを考察する研究はほぼ無に等しかったと批評する。また，フェミニズムやジェンダー研究において，ポストコロニアル理論による批評が多くあるなか，島嶼の地理的要因や特性，また島嶼性がいかにジェンダーやセクシュアリティの課題に影響を及ぼしたかに関する研究が見られなかった。アイランド・フェミニズムは，島嶼研究とフェミニズム研究を補うと同時に，国際島嶼学会が主とする島嶼自身の視点を担保しつつも，島嶼性を肯定する従来の島嶼研究のクリティカルな転換を促すものである。

カリデスの提唱するアイランド・フェミニズムの目的は主に次の4つである。まず，島嶼研究の理論を応用したフェミニスト研究を推進すること。二つ目に，フェミニズムを用いた島嶼性や島嶼社会の研究を行うこと。三つ目に，島嶼における，観光，軍事主義，開発によるグローバリゼーションの問題がジェンダーとセクシュアリティに及ぼす影響と変化を分析すること。最後に，フェミニズムの視点を介して島嶼がもつ様々な概念と理論を評価することである。また，フェミニズムが全ての存在への正義と公平さを目的として行動することに原点を置くように，アイランド・フェミニズムにおいても，それぞれの場所に特化した戦略で抵抗を繰り広げる島人の行動に着目することにより発展する理論としている。また，フェミニズム理論の分析方法として知られるインターセクショナリティの概念，つまり社会的不平等さを読み解く鍵となる，ジェンダー，セクシュアリティ，人種，エスニシティ，インディジネイティなどが複合的に重なり合う社会的課題を読み解く役割を任うため，アイランド・フェミニズムは，島人の当事者性に着目した理論であると言える。

当事者による実戦

1990年台に発足した国際島嶼学会は，ヨーロッパ諸国や地域を中心に，地理，観光，経済に特化する形で展開してきたと述べたが，カリデスの指摘にあるように，植民地主義，軍事主義，ジェンダー批判が欠如していたという背景には，特にアジア太平洋地域の島嶼の島嶼研究における経験の相違をあらわしているように思える。アジア太平洋島嶼地域における島嶼研究は，ハウナニ・ケイ・トラスク（Haunani-Kay Trask），テレシア・K・テイワ（Teresia K. Teaiwa）に代表されるように，人種やジェンダー規範を戦略的に利用し軍事による植民地化を島人や先住民が当事者の視点で分析し理論化してきた。トラスクは，ハワイにおける観光と経済が，先住民を周縁化してきたばかりでなく，彼らが文化的，社会的，経済的な営みを継続する自己決定権や資源をも奪ったとした。さらに，その過程でネイティブの女性をジェンダー化することにより，経済的に裕福な観光客をもてなす，ハッピー・ゴー・ラッキーで受身的なハワイ島嶼の人々の表象を作り上げ，ネイティブやネイティブ文化を商品化してきたとしている。ビキニ環礁で1946年から1954年の間に繰り返されたアメリカによる核実験をフェミニストの視点から分析したテイワは，軍事的実験が島人の健康のみでなく，生きる場としての島嶼やその海域の生活，文化，社会資源を恒久的に破壊したとし，ビキニとつけられた島嶼のジェンダー表象がその破壊的な軍事演習を不可視化させてきたとしている。

これらの島に限らず，アジア太平洋島嶼地域では，多くの島嶼が複数の国による植民地支配を経験してきた。そのなかには現在でもセトラー・コロニアリズム（settler colonialism）やポストコロニアル（postcolonialism，継続する植民地主義）下に置かれた地域があり，アメリカ合衆国の軍隊の長期駐留による軍事化が地元住民の反対をよそに行われている。グアム，ハワイ，また沖縄もそうである。ジェンダー規範を規律化した軍事大国アメリカの軍隊は，国家をマスキュリンなものとして誇示する過程で，その対局にあるものを他者，あるいは弱者とする二項対立のイデオロギーが顕著になっている。グアムの歴史学者のキース・カマチョは，アメリカ軍隊はオセアニア地域の軍事下において，太平洋島嶼地域をその対局にあるフェミニン（女性性）として構築し，その狭小性，遠隔性などから，弱いもの，守られるべきもの，自己決定権をもたない，マスキュリニティの対局にある他者として先住民の土地である島嶼を軍事化してきた歴史があるとしている。

アイランド・フェミニズムの多様性

さらに理解を深めるためのポイントとして，“feminisms” と複数形であることは，島嶼におけるフェミニズムの形態がひとつに限定されず複数の理論や実践があることを示している。そのことは，島嶼と一言で言っても，国や地域に限定されない地理的特徴をもった島嶼は，地球上に広がり，気候，地形，国，国境，言語，文化，歴史といった様々な要因が島人を取り巻く社会的，経済的，政治的な実戦が多様であることと関連している。比較的新しい枠組みであるアイランド・フェミニズムは，丹念な事例研究の蓄積を構築し，さらなる議論を進めていくことで，島嶼のネットワークを広げ，主体的に帝国主義の問題を批判的に検証することを可能とする重要な枠組みとなるだろう。

（宜野座綾乃）

主要参考文献

宜野座綾乃（2019）「『アジア・パシフィック・シアター』と立つ軍事主義の文化を想像する『軍事主義を許さない国際女性ネットワーク』」池上大祐・杉村泰彦・藤田

陽子・本村真編『島嶼地域科学という挑戦』ボーダーインク。
Karides, Marina. (2017). "Why Island Feminism?" *Shima*. pp. 30-39.
Teaiwa, T. K. (1994). "bikinis and other s/pacific n/oceans." The Contemporary Pacific. 6(1), pp. 87-109.

14 文学とコミュニティ

日常生活におけるしまくとぅば復興の試み　（出所）筆者撮影

コミュニティと文学の関係

文学とは物語である。物語には「語り手」がいて，その物語が語られる「場所」があり，その物語の生まれる歴史的・社会的背景がある。さらに，物語を表現する語り手が選択する言語とスタイルがある。しかし，それだけでは物語は成立しない。物語という行為は，その語りを聞く「聞き手」あるいは読む「読者」というコミュニティがあって初めて成立する。

そして，同じ物語でもどんな聞き手に向かって語るか，いつ語るか，どこで語るかによって物語は微妙に異なることから，物語は可変的であると言える。変化する物語がまるで鏡のように映し出す語り手や聞き手の変化に，その人々が属するコミュニティの変化をも読み取ることができる。

また文学は，同じコミュニティの読者にとっては失われつつある記憶を取り戻す手段となり，異なるコミュニティとの間に力関係が生じている場合は，支配下に置かれたコミュニティが自らの価値の存在意義を伝え，その存続を交渉する手段となる。しかし，今日の社会で大きな課題となっているのが，被支配者のコミュニティにとって自らの物語を発信する手段となる「言語」が，しばしば消滅の危機にさらされている現実である。コミュニティが伝統として育んできた価値を次世代に伝える手段である日常言語（ヴァナキュラー[(1)]）が，支配層の言語によって駆逐されたことで，コミュニティ内の人々の価値観が変化し，ヴァナキュラーの知識や運用能力が継承されにくくなっているのである。

ヴァナキュラーで語るということ

ヴァナキュラーは，そのコミュニティに属する人間にしか理解できないという点では必然的に閉鎖的な言語である。しかし，それはコミュニティの内部にいる者が互いに情報と知恵を共有する手段となり，コミュニティ内に強固な絆を形成する役割を果たす。一方，コミュニティの外部にいる支配者にとって，コミュニティの内なる連帯を強め，支配者の優位性を脅かすヴァナキュラーは，不都合な言語であり，コミュニティの人々の人間性や知性，伝統文化とともに貶められなくてはならないものとなる。支配者による同化[(2)]のプロセスにおいてヴァナキュラーが駆逐されることにより，被支配者の文学の伝統は衰弱し，伝えられるはずの物語はコミュニティの記憶から消えていくこととなる。

今日，敢えてヴァナキュラーで表現することは，歴史的に抑圧されたコミュニティの人々が，支配者から奪還した自らの言語によって自らの物語を表現する「脱植民地化」の行為[(3)]であるといえる。「脱植民地文学」は脱植民地化の行為から生まれる文学であり，植民地主義によって国家の周縁に追いやられた北米先住民やハワイ先住民が部族の言語やハワイ語で表現する物語がその例として挙げられる。また，アングロサクソン系の白人が覇権を握るアメリカ社会で差別されてきたアフリカ系やラテン系といった人種や民族が，それぞれのヴァナキュラーである黒人英語やスペイン語を駆使して表現する小説や詩なども，脱植民地文学であると言える。

日本には，アイヌや沖縄などの例がある。例えば，支配言語である日本語によってヴァナキュラーである「しまくとぅば（島言葉）」という表現手段を奪われてきた沖縄では，小説家や詩人が日本語とヴァナキュラーの狭間で言語表現を模索してきた。戦後沖縄の文壇を代表する大城立裕，東峰夫，又吉栄喜，大城貞俊，崎山多美，目取真俊といった小説家や，山之口貘，与那覇幹夫，高良勉などの詩人は，日本語のコミュニティに読者を獲得するために日本語で書くことを余儀なくされる一方，作品にしまくとぅばの響きをあえて混入させてきた。それは，日本語のなかにしまくとぅばの存在を異質な不協和音として顕在化させることで日本語の覇権的言語体系に揺れを生じさせると同時に，しまくとぅばとともに忘却されていくコミュニティの記憶を回復し，コミュニティやその物語を存続させる試みであったとも言える。

島嶼コミュニティの記憶を語り継ぐ文学

「島」がコミュニティの単位となる小島嶼地域では，言語も島によって異なるが，今日，その多様な言語が消滅の危機に晒されている。例えば，沖縄の琉球諸語 6 言語のうち，八重山語と与那国語の 2 言語がユネスコ（国連教育科学文化機関）の“Atlas of the World's Languages in Danger”（第 3 版）において「重大な危機にある」とされ，その他の 4 つに該当する奄美語，国頭語，沖縄語，宮古語が消滅の「危険」にあると査定されている。すなわち，それぞれの島のコミュニティが育んできた文化的多様性が，今まさにその言語の多様性とともに失われようとしている。

しかし，その流れに抗うことを可能にするのも文学である。沖縄の島嶼コミュニティにおける記憶を主題とする文学作品の例として，与那覇幹夫の詩を読んでみよう。与那覇は 1939 年，宮古島に生まれ，詩集『赤土の恋』で 1984 年度山之口貘賞を受賞した詩人である。この詩集の背景となっているのが，明治時代の「ソテツ地獄」と言われる死の記憶である。大旱魃による飢餓にあえいだ当時の沖縄の小島嶼地域の農民が救荒食としたのが，ソテツから抽出したデンプンだった。しかし，下処理を誤ると，人はソテツの毒で死に至る。理不尽な農奴制によって多くの貧民が絶命したコミュニティの飢餓の記憶を，与那覇の詩は独特のヴァナキュラーで語る。「億の億の／サンゴん虫が重って／死骸(みいら)んなって／島となったんね宮古／そいで／島ん土は赤いんね」(与那覇，1991: 252)。宮古島の島全体を覆う赤土の下には，島の歴史と人々の物語が眠っている。「青の海ん／死骸(みいら)んなって／赤い土となったんね／土くれの一粒一粒ん／恨みんこもっているんよう／土くれの一粒一粒ん／たましい宿っているんよう／（中略）／青ん天空んした／貧土の赤土が　まぶしいん／宮古／明るくって　明るくって　愛(かな)しんね」(与那覇，1991: 252)。沖縄の言語で「かなしい」は本来「愛おしい」という意味だが，この詩の「愛(かな)しんね」には哀悼の要素も含まれる。島の人々の命を奪い，島の人間の深い悲しみが染み込んだ貧土の赤の鮮やかさを包容する，「愛(かな)しんね」というヴァナキュラーの響きに，悲痛や怨念の記憶を抱えつつ，なお島に根ざす詩人の想像力が表れている。

物語とコミュニティの未来

かつて，語りの聞き手は同じコミュニティに属する者たちであり，コミュニティにとって重要な記憶を次世代に伝えることが語り手の務めだった。しかしグローバル化が進む今日，それぞれのコミュニティの文化的価値を反映する物語は，言語や歴史的背景などが異なる他のコミュニティの物語と接触しながら変容を余儀なくされる。北米先住民小説家のレスリー・マーモン・シルコウが1977年の小説『儀式』のなかで，物語を持っていないなら，それは「何もないのと同じこと」と述べているように（シルコウ，1977; 荒訳，1998: 11），支配されてきたコミュニティの人間にとっては，支配者の物語が主流を占める社会のなかで，自分たちの物語を主体的に語れるかどうかにコミュニティの存続がかかっている。コミュニティという観点から文学を読むことで，そのコミュニティのレジリエンスの根源となる言語の力，そして人々の尊厳や絆の様相と，その未来の姿が見えてくるだろう。

（喜納育江）

語句説明

（1）ヴァナキュラー（vernacular）：ある土地，時代，集団に特有の日常言語のことで，地域語，方言，仲間ことばなどとも訳される。

（2）同化：権力をもつ集団が，支配下にある異文化集団を自らの文化に迎合させること。また，被支配者が支配者の異文化を上位規範として習得すること。

（3）脱植民地化（decolonization）：支配下に置かれた集団，地域，国家などが支配者に抵抗し，支配構造から脱却すること。

主要参考文献

シルコウ，レスリー・M，荒このみ訳（1998）『儀式』講談社文芸文庫（Leslie Marmon Silko（1977）*Ceremony*）。

波照間永吉・小嶋洋輔・照屋理編著（2021）『琉球諸語と文化の未来』岩波書店。

与那覇幹夫「赤土の恋」沖縄文学全集編集委員会編（1991）『沖縄文学全集第2巻 詩Ⅱ』国書刊行会，pp. 249-52。

15 資源としてのランドスケープ

地域住民が整備した広場　（出所）筆者撮影

ランドスケープとは

ランドスケープとは，人々の日常的営みや社会的諸活動が地域の自然や文化のなかで歴史的に積み重ねられ具体的に形成され，また人々によって知覚されるものである。言い換えれば，文化，社会，経済，政治，信仰など非視覚的な要素の影響を受けつつ具現化されると同時に，それらの要素を通して認識されたものがランドスケープである。

世界的には，1992 年にユネスコの世界文化遺産に新たな登録対象として Cultural Landscape が設けられ，2004 年には日本においても，文化財保護法に文化財の新たな種類として文化的景観が設けられた。同法を繙くと，「地域における人々の生活又は生業及び当該地域の風土により形成された景観地で我が国民の生活又は生業の理解のため欠くことのできないもの」（文化財保護法第二条第 1 項第五号）と文化的景観について説明されている。とはいえ，性質の両義性と形成の複雑性を根本的に有するランドスケープの文化的価値や歴史的価値を理解することは容易ではない。他方で，人々の日々の細やかな営みはランドスケープの形成そのものなのだといっても過言ではない。

地域振興の資源としてのランドスケープ

そのことを別の言葉で表現するなら，ランドスケープは地域振興を達成する上での資源のひとつであるということだ。

沖縄本島南部の自治体である南城市は，近年，エコミュージアム(1)という市全域のまちづくりを進める事業を展開している。南城市が推進するエコミュージアムは，「住民の主体的な資源管理の促進」「魅力的な着地型観光の推進と観光客の誘客」「回遊と交流を促す仕組みづくり」「関連事業を包括し，相乗効果を図る」の4点を基本方針とし，27のサテライト（集落）において物理的な環境整備を進めている。さらに別の施策に基づき再整備される公民館を各サテライトの拠点とし人材育成や文化振興を促進しながら，27の地域を固有のストーリーで有機的に結びつけることで，市内の回遊性と交流人口の創出・増加を目指している。

このエコミュージアム事業を通して，各地域でランドスケープの（再）形成を促す住民活動がみられる。

例えば，国指定有形文化財の仲村渠樋川があることで知られる仲村渠区は，稲作発祥の地とされ，「親田御願」という田植えの儀式や，五穀豊穣と子孫繁栄を祈るアミシヌ御願と綱曳きがある。しかし地域内における稲作はすでに途絶えており，長年，綱曳きの綱に用いる藁を他所から購入してきた。そこで地域の有志が2017年に「仲村渠稲作会」結成し，150坪の農地を利用して稲作を復活させ，藁を自給する活動を始めた。その活動が，地区の原風景としての稲作のランドスケープの再生にも繋がっている。

また，南城市の北東部にある安座真区は，神の島とされる久高島に渡るための船が出る港があることで知られる。ここでは，サテライト事業の一環で芸術作品が展示されていた土地の活用に持続性をもたせることを地域住民の一部が希求し，2020年に老人会（「朗人会」と称する）が花壇などを整備し，住民が憩うことができる場所をつくった（**冒頭写真**）。これは，大きな出来事とは言えないが，ランドスケープ形成が人々の想いや日常性と不可分にあることを物語っている。

生産物としてのランドスケープ

ランドスケープを地域振興の資源とする見方は，ランドスケープ自体を何らかの生産物として捉える視点である。ランドスケープの形成や変化を何らかの出来事による消費と捉えるか，あるいは生産と考えるかで，理解は大きく異なる。前者（消費論）としてはJ. Duncanらが1990年代に研究を進めた「景観テクスト論」やD. Cosgroveらによる「景観表象論」，後者（生産論）としてはT. Ingoldの「タスクスケープ論」やR. H. Scheinの「ランドスケープの規範的次元論」がある。消費論は，ランドスケープがいかに為政者の権威を表象しているか，あるいは人々がいかに為政者の空間形成戦略に馴致されているかなど，ランドスケープが政治的ないし社会的に消費される点に注目するものである。その視点は，ある観念を表象し，時にその観念を擁護する役割をランドスケープが担っていることを批判的かつ効果的に明らかにする点で有効である。しかし，ランドスケープが人々の日常的営みや社会活動によって形成されていくという点において，ランドスケープには創造され生産されていくというプロセスが必ず内在している。例えば，Ingold（1993）は，現在の出来事が過去の事象を把持しており，それを包含しつつ未来へ向かっていくという時間論に依拠しながら，ランドスケープが過去の居住者による生活と生業の永続的な履歴によって構成されるものだということを明らかにする。Schein（2003）は，ランドスケープが社会における人々の日常的実践と無関係には存在し得ないことを示し，ランドスケープを人々による諸活動の結果とみなすのではなく，社会的，文化的プロセスの重要な一部分とみなすべきと主張した。ランドスケープの生産的側面に着目することは，J. Wylie（2007）の言によれば，「進行中の社会的，経済的諸関係に着目」することであり，ランドスケープは「常に生産の途上にあり，変化，改変，異議申立に開かれる」ことになる。

島嶼においてランドスケープについて考えることの意味

島嶼は，空間的に限定されていることから，存在する資源にも限りがある。島嶼の人々はもち得る資源のなかで生き，資源が限定的であるがゆえに特徴的なランドスケープが形成されるといえる。そのランドスケープを地域振興の資源として活かすことは，島嶼の特有性を失わないために必要なことである。

その一方で，資源の限定性を島嶼のデメリットとみなし，島嶼の大陸に対する従属性や周縁性を強調する立場が存在する。島嶼外の大型資本によるリゾート施設やレジャー施設の建設が実施もしくは計画される背後にもこうした考えが関係している。その全てを否定する必要はない。むしろ島嶼を閉鎖的にし，隔絶された環境を積極的に受け入れることを避けなければならない。重要なのは，資源が限定的であったがゆえに形成されたランドスケープとその外側に蠢く資本との関係構築について考えることである。

島嶼のランドスケープは，常に生産の途上であり，変化に対して開かれている。もちろん外部資本による変化に対しても開かれている。島嶼に必要なのは，島を閉じることで固有のランドスケープを護ることではなく，島を開きながらもなにが必要な資源かを考える自律的な態度である。

（波多野想）

語句説明

（1）エコミュージアム：1960年代のフランスで提唱された概念で，地域全体を博物館と位置づけ，自然遺産と文化遺産を現地で保存するとともに，住民を主体とする活動を通して地域社会の発展を促すことを目的とするものである。調査・展示・教育などを行う中核施設であるコア，自然保護区域，遺跡，集落などとして地域内に点在するサテライト，コアやサテライトをつなぎ相互連携を促す役割を担うディスカバリートレイルの3要素が設けられる。

主要参考文献

Ingold, T. (1993). The temporality of the landscape, *World Archaeology*, 25(2), pp. 152–174.

Wylie, J. (2007). *landscape*, London, Routledge.

Schein, R.H. (2003). Normative Dimension of Landscape, in Wilson, C. and Groth, P.

(2003). EVERYDAY AMERICA: Cultural Landscape Studies after J.B. Jackson, Berkeley, University of California Press.

16 島の文化遺産

現在の金瓜石神社跡地と建物の痕跡 （出所）筆者撮影

文化遺産とは

世界には文化遺産が点在している。エジプト・ギザの三大ピラミッド，古代ギリシャのパルテノン神殿，インド・アーグラに残る皇帝の墓廟タージ・マハル，中国の紫禁城，日本の法隆寺，日光東照宮，紀伊山地の霊場など枚挙にいとまがない。沖縄県内にも当然ながら数多くの文化遺産が点在している。ユネスコ世界文化遺産「琉球王国のグスク及び関連遺産群」の構成要素でもある首里城跡・中城城跡・勝連城跡，竹富島に残る歴史的集落，玉陵のような墳墓，斎場御嶽に代表される信仰の場，識名園のような庭園など多岐にわたる。さらに文化遺産には，人々の日常生活によって形成された文化的景観，鉱山跡地などの産業遺産，芸能・儀礼・祭礼などの無形文化財，彫刻や絵画などの芸術作品が含まれる。沖縄では，今帰仁村今泊のフクギ屋敷林と集落景観，北大東島の燐鉱山関連遺産，芭蕉布，組踊，宮古のパーントゥなどが想起される。

文化遺産とは，過去に作り出され，現在まで遺されてきたものを指す。遺されてきた理由は，法律や条例による保護，地域における年中行事や祭礼を通した継承，日常生活における継続的使用など様々である。それらの文化遺産を専門的に保護していくことになると，建築学，考古学，文化財科学，民俗学，歴史学，人類学，美術史学，博物館学など多様な学問領域から複合的に対象物の歴史的価値や文化的価値を判定し，対象物の種類や状態に応じて保護の方法を検討することになる。さらに近年は，文化資源学，観光学，社会学などの知見を通して，文化遺産の活用と地域振興についても，多くの議論と実践が進められている。

文化遺産を保護することの意義

そもそもなぜ文化遺産を保護する必要があるのだろうか。文化財保護法の第一条は，「この法律は，文化財を保存し，且つ，その活用を図り，もつて国民の文化的向上に資するとともに，世界文化の進歩に貢献することを目的とする」と規定している。また同法第三条には，「政府及び地方公共団体は，文化財がわが国の歴史，文化等の正しい理解のため欠くことのできないものであり，且つ，将来の文化の向上発展の基礎をなすものであることを認識し，その保存が適切に行われるように，周到の注意をもつてこの法律の趣旨の徹底に努めなければならない。」とある。法的にみた文化遺産（文化財）は，歴史や文化を正しく理解し文化的向上に資する基礎的存在と位置づけられる。

他方で，文化遺産が人々の日常的利用，観光，鑑賞，参加等と関わっていることを考えれば，それが私たちの生活に欠かせない存在であることも分かる。そのことを日常的に強く意識している人々は決して多くないものの，有形であろうと無形であろうと，製作者，管理者，利用者が過去と現在において存在するがゆえ文化遺産も存在し得る。

文化遺産を巡る「誰」という問題

文化遺産を保護するということは，対象の物質性が保護されればよいというものではなく，文化遺産に関わる多様なアクターそれぞれの思惑を整理し，惹起する問題を解決することに他ならない。なかでも，文化遺産を巡る「誰」という問題は，ポストコロニアルの時代状況において極めて重要な論点として浮かび上がった。植民地を経験した国々には，植民地時代に宗主国が建設した建造物等が残る。それらに対して，旧宗主国が残した帝国主義的シンボルとして破壊や撤去が進められることがあれば，植民地時代をも自国の歴史と位置づけ文化遺産として保存の対象とする場合もある。

台湾は1895年から1945年の間，日本の植民地下にあった。その間，台湾総督府は都市開発や産業開発を積極的に行い，台湾全土に神社の建設を促した。それらの神社建築の大半は，戦後から1980年代にかけて国民党政府によって，日本による植民地統治の象徴として，改造や撤去が命じられた。しかしそれでも，神社跡地や神社建築の一部が残る事例も存在する。

台湾北東部に残る金瓜石鉱山は，日本統治期を通じて日本の鉱山会社が積極的に開発を進めた金山であった。現在，その跡地は台湾電力股份有限公司と台湾糖業股份有限公司の２つの国営企業が所有し，その土地の一部を新北市が借用し，住民参加に基づき文化遺産の保護活用を行うことをミッションのひとつとする新北市立黄金博物館を運営している。

この金瓜石鉱山に，金瓜石神社があった。この神社は，鉱山会社が所有する土地のうえに，明治末期には木造建築で，昭和初期にはコンクリート造建築で建設された。現在，本殿の基壇，拝殿のコンクリート柱，２基の鳥居が残り，新北市指定の文化遺産になっている（**冒頭写真**）。この土地と建物の所有者は台湾電力である。ただし，神がいまなお鎮座し，地域住民が神道を信仰しているわけではない。そこにあるのは，あくまでも神社の痕跡である。

この金瓜石神社に対して，所有者は，老朽化し欠落した拝殿の柱や鳥居の一部を何かしらの材料で充填するなど，積極的な管理を行ってきた。台湾の法律（文化資産保存法）では文化遺産の修理等を行う際に，所有者は修理の工法や材料を明示し，権限当局の許可を得る必要がある。しかし所有者はその許可をとらず，工事を行った。

他方で，黄金博物館も神社の保護活用に積極的である。2013年に，黄金博物館の企画で，神輿を担ぎ参道を練り歩き，神社境内で鏡開きをするなど，日本における祭事的なイベントを行った。これは，文化遺産の再利用と記憶の継承を目的に行われたものであった。しかし繰り返すが，そこに神はいないし，地域住民は神道を信仰していない。

では，所有者と博物館による神社に対する積極的な関与はなにを意味するのか。日本人読者がこれらの行為・活動を形骸化したものと批判するとき，それを正当な批判と言い切れるだろうか。そこには必ず，誰の文化遺産なのか，という問題が関係する。金瓜石神社は日本人が建設したものであっても，日本（人）の文化遺産ではない。神道を信仰していない状況に対して，神社の再利用に先立ち新たに神を遷座させればよいといったアイデアはもってのほかである。

島嶼にとって文化遺産はどのような意味をもつのか

誰の文化遺産なのかという問題は，植民地経験をもつ国々に限るものではない。集落の祖先が築き上げ現在まで大切に扱ってきたモノが国によってその価値が認められ，その結果，集落住民がそのモノの扱いに直接的に関与できなくなってしまった（なにをするにも自治体の許可が必要になった）事例は少なくない。

だからといって，文化遺産の存在を否定することにはなんら意味がない。本論点の冒頭で述べたように，文化遺産が私たちの生活に欠かすことができないのも事実である。ここで考えるべきは，文化遺産が「誰」のものであるべきか，だ。特に島嶼において，この問題は避けて通れない。経済的，政治的な脆弱性を抱えがちな島嶼において，主体の所在は容易に不明瞭になる。国や自治体によりその価値が認められ文化財として指定されようが，地域住民がその文化遺産にとっての主体であるべきだ。そのことを熟考することが，島嶼の自律性構築に繋がる。

（波多野想）

主要参考文献

波多野想（2019）「文化遺産は誰のものなのか——台湾における日本統治時代の建築」西川克之・岡本亮輔・奈良雅史編著『フィールドから読み解く観光文化学——「体験」を「研究」にする16章』ミネルヴァ書房。

第Ⅲ部

「生存すること」から掘り下げる

17 地震と津波被害

2011年東日本大震災における津波被害　（出所）筆者撮影

防災・減災への意識

日本で自然災害と言えば，まず多くの人々が思い浮かべるのは地震であろう。日本列島は北米プレート，太平洋プレート，フィリピン海プレート，ユーラシアプレート，4つの海洋プレートに囲まれ，また内陸部には多くの活断層が分布しており，それらプレートの境界や活断層の地殻内で地震が発生するのである。津波もまた地震後に起こる自然災害として，世界各地で人的及び社会経済的に多くの被害をもたらしている。日本の場合，国土面積に対して海岸線が長いため，特に高波や津波の被害を受けやすい環境にあり，日本列島全体が地震津波列島と呼ばれることもある。

そこで，過去の地震や津波の被害から学び，私たちができることを考えてみることが重要となってくる。このような考え方は，自然災害を恐れるだけでなく，それらは必然的に起こるものとして受け止め対策を講じていくという「減災」と呼ばれる概念である。つまり，地震や津波を自然科学的及び建築土木工学的視点から検証するに留まらず，社会経済学や保健医学的視点をも含めた包括的なアプローチで，地震や津波に立ち向かっていくという考え方と行動を示している。

さて，そもそも地震や津波の被害の大小は，一体何がその要因なのであろうか。第一に，震源の地震規模の大きさ表すマグニチュード，震源地からの距離，地盤，建物等の耐震性能である物理的要因，第二に人口密度，生活時間帯，防災意識等の人的要因が考えられる。一般的には地震の震度が大きければ被害も大きいとみなされているが，実はそれだけでは地震や津波被害は説明しきれないという視点をもって考え，備え行動することが大切なのである。

海外の地震や津波被害

海外における地震や津波の人的被害に注目してみると，ある重要なテーマが浮かび上がってくる。**図表 17-1** に近年おける海外の代表的な地震をあげる。**図表 17-2** に示すように，マグニチュードの大きさと被災者数や死者数の多さは必ずしも一致しないということである。大規模地震はプレート境界型[(1)]の地震で，その被害が大きいというイメージも必ずしも当たらない。

死者数が桁違いに多いのが 2010 年のハイチ地震で 22 万 3 千人とされ，加えて被災者は総人口の約 3 割と報告されている。その 7 年前の 2003 年に同じイ

図表 17-1　近年おける海外の代表的な地震

日　付	国	原　因	場　所
2007/9/12	インドネシア（スマトラ島）	プレート境界	インドネシア，スマトラ島，ブンクル市
1990/7/16	フィリピン	直下型地震	フィリピン，ルソン島，バギオ市
2018/2/26	パプアニューギニア	直下型地震	パプアニューギニア,ニューギニア島,ヘラ地区
2010/1/22	ハイチ	活断層	ハイチ,イスパニヨーラ島,ポルトープランス市
2003/9/22	ドミニカ	活断層	ドミニカ共和国，イスパニヨーラ島，プエルトプラタ市
2016/2/22	ニュージーランド	活断層	ニュージーランド，クライストチャーチ市
2006/5/26	インドネシア（ジョグジャカルタ）	活断層	インドネシア，ジャワ島，ジョグジャカルタ市

図表 17-2　地震マグニチュードと死者数及び被災者数の関係

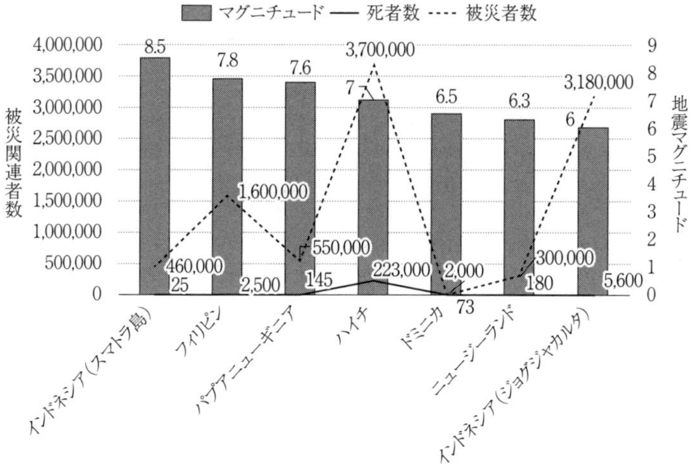

（注）死者：地震関連死を含む，被災者：ケガ人，避難者を含む（概数）
（出所）：EM-DAT（The Iternational Disasters Database）by Centre for Research on Epidemiology of disasters — CRED School of Public Health Université catholique de Louvain

スパニョーラ島のドミニカ共和国でマグニチュード6.5の地震が観測されている。同じ島でありながら，各地震における死者数は桁違いに少ない理由は何であろうか。ハイチ地震の震源地は沿岸地域の人口が密集した首都（3,750人/Km^2）に近い場所であった。その地域は軟弱地盤であったこと，さらに耐震性の無い鉄筋コンクリート建物が多く倒壊したことが，大被害の原因とされている。一方でドミニカ共和国における地震の震源地は，同じく沿岸地域であったが，人口密度は比較的少なく（178人/Km^2），地盤は固い地域であったことがあげられている。観点を変えると，1人当たりGDP 8,282米ドル（2019年）のドミニカ共和国に対して，ハイチでは790米ドル（2019年）という社会経済的要因が被害の大きさとその後の復興を分けた理由と推定されるのである。正に地震自体の大きさだけが問題ではないのである。

別の事例としては，2006年のインドネシア内陸部のジョグジャカルタ地震はマグニチュード6で，5,600人を超える死者を出した地震であった。ジョグジャカルタは，ハイチの場合と違い内陸部の都市であるが，火山灰の軟弱地盤の上に作られた都市であることが被害を大きくしてしまった要因とされている。住民や行政の防災意識の低さが複合的に重なったことも推測される。このようにハイチやインドネシア等，発展途上国の場合は，社会経済的要因を主な理由として地震被害の大きさが説明されがちであるが，必ずしもそれだけではなく，また先進国においても，どんなに建物の耐震性能が高くても，そもそもの基礎である地盤の性質が重要であることも忘れてはならないのである。

アジア島嶼地域における最大の自然災害と言えば，2004年12月に起きたスマトラ地震による津波被害があげられるだろう。スマトラ島の北部アチェ市では死者16万人を超え，遠く離れたスリランカでも3万5,000人が亡くなっている。死者は東南アジア・南アジア地域全体で約23万人とされ，被災者は100万人以上であった。これら津波が押し寄せた島嶼沿岸地域は必ずしも地震多発地域ではないが，長い海岸線に囲まれているため遠くから押し寄せる津波により被害を受けるリスクは高く，常日頃から津波に対する備えが特に重要となるのである。

島嶼地域の防災・減災意識

島嶼地域であるが故の脆弱性について述べてみたい。島というのは大小あるが，大陸と比較すると様々な資源が限られていることが多い。災害時にこのことがマイナス要因となってしまう点に着目しなければならない。医薬品，食料品，生活用品，建設資材等，緊急用物資を備蓄で賄える量は限られている。そのため，物資運搬用の幹線道路の確保及び，海路空路の確保が非常に重要となってくる。第二にはエネルギーの確保である。この点は燃料物資の備蓄とも言えるが，それに留まらず，ライフライン（電気，ガス，水道，通信手段）の自給自足という観点も含めることが必要である。現在では，ドローン技術や衛星技術を活用することにより，離島であっても完全に孤立してしまう可能性は以前と比べれば少なくなってきたと思われる。さらなる技術革新で，発展途上国でも容易に利用できる災害復興システム作りが望まれる。

自然災害とその復興時にどう備えるか

地震や津波を含めた自然災害からの復興時には，例えば自分自身や家族の安全や食料を含めた物資の確保はすぐに思い浮かぶが，エネルギーの確保となると，何故か行政任せの感がある。しかしながら，2011年の東日本大震災をきっかけにエネルギーを自給自足できる家作りが注目されている。太陽光，地中熱，風力等の自然エネルギーや再生可能エネルギーを利用して，平常時から小さな単位のエネルギー自立環境を作る工夫である。各家々またはコミュニティ単位の自立も現実的となってきている。

このようなエネルギーの自給自足の概念は，自然災害対策と持続可能な脱炭素社会または省エネ社会の概念とも合致して今後ますます発展していくことが期待されている。

カストロ　ホワン　ホ　セ
（Castro Juan Jose）

語句説明

（1）プレート境界型：地球の表面は，10数枚程度の「プレート」と呼ばれる厚さ数10kmの岩盤で構成されている。これらのプレートがそれぞれ違う速度や方向に移動し互いに潜り込んだり，一部重なったりすることにより，その境界線上で地震が発生し，陸地へと伝わる仕組みの地震である。

主要参考文献

岡田成幸・高井伸雄（1999）「地震被害調査のための建物分類と被害パターン」日本建築学会構造系論文集第524号。

仲村勉（2021）「省エネと災害対策との両立地域でのエネルギー自立も」日経アーキテクチャーNo.1193。

日本学術会議（2018）「27 地球規模の自然災害の増大に対する安全・安心社会の構築報告書参考資料28 29報告書参考資料目次1序論」2018年12月10日。
http://www.scj.go.jp/ja/info/kohyo/pdf/kohyo-20-t38-4-1.pdf

18 防災対策とソーシャルキャピタル

沖縄県における自然災害の経験を後世に伝えようとする文献例
（出所）編者（池上大祐）撮影

防災対策の基本

島嶼地域は遠隔性，海洋性，狭小性という側面から，各種の自然災害においてリスクの高い地域である。防災対策における基本的な概念として「ディザスター・マネジメント・サイクル（Disaster Management Cycle）」という考え方がある。このサイクルは，災害が起こっていない平時の対応である「被害抑止」「被害軽減」から，災害が起こった後の「災害対応」，「復旧・復興」を経て，さらなる事前対応につなげていくことにより防災対策が強化されていく過程が示されている。つまり，自然災害による被害や損失を軽減するために，災害の誘因となる原因を抑止する方策と，被害を軽減するための方策の側面があり，平時に，両方の対策がバランスよく組み合わされて効果的な防災対策が実現できると考えられている。被害抑止の面で日本は河川工学や耐震工学などの効果を発揮してきたが，阪神・淡路大震災や東日本大震災ではその限界も経験した。

今後，自然災害が起こった時の被害を軽減するため，社会の構成員である我々住民が防災に関わることの必要性を認識し，住民自身の災害への備えが重要であるが，課題でもある。また，資源の限られた島嶼地域における有効な災害への備え・防災対策は何か，今後，さらに検討を要する課題である。

災害への備え

2005年に起こったアメリカのハリケーンカトリーナの後は，5,000人以上の子どもが家族の元から離脱したことが報告されている。Krishnaらは，2015年の南インド洪水の経験者を対象とした研究で，洪水による子どもたちの犠牲に，住民の準備不足が影響していたと報告している。一方，日本では，2011年の地震と津波の教訓から，継続的な防災教育と準備が住民の命を救うために重要な役割を果たすことが示された。この東日本大震災後，我が国では，防災教育の必要性・重要性が改めて認識された。

2015年，国連は，『仙台防災枠組み2015-2030』を採択し，防災・減災への新しい取り組みにおいて，災害時に，人びとの命，暮らし，健康ができるかぎり失われないようにすることを重視し，優先行動のひとつ目に「災害のリスクを理解し共有すること」をあげた（防災・減災日本CSOネットワーク，2016）。国は防災対策において重要な責任をもつことは当然であるが，災害に関連するデータの収集・分析とともに，市民社会やボランティアを含む社会の構成員全てが防災に関わることの必要性から防災教育や普及啓発を図る取り組みの必要性を提唱している。我が国の災害対策基本法にも，住民の責務として防災訓練やその他自発的な防災活動への参加が明記されている。ただし，一般住民は災害リスクに主体的に向き合い，災害に対する備えの意識は不十分であることが指摘されており（内閣府，2020），大規模災害に備えるために，今後，住民自身の防災力の向上に取り組む必要がある。

アメリカでは防災対策として，the Federal Emergency Management Agency（FEMA）が個人の準備を促進するためのキャンペーンを展開し，個人の災害への備えを4つ提唱している。そのひとつ目にBe Informedと題し，自身が住んでいる地域の災害のリスクを知り，防災訓練へ参加することが提示されている。日本でも，住民の責務として防災訓練やその他自発的な防災活動への参加が災害対策基本法に明記され，非常用持ち出しバッグの準備，避難場所や避難経路の確認が災害への備えとして推進されてきた。

災害への備えとソーシャルキャピタル

一方，防災対策とソーシャルキャピタルの関連が検討されつつある。ソーシャルキャピタルは，地域での問題解決を遂行するための地域力を構成する主要な要素であり，信頼，規範，ネットワークなどの社会組織の特徴が示されている。高水準のソーシャルキャピタルは健康情報の急速な普及を促進し，逸脱行動に対する社会的管理を実施することにより，健康関連行動に影響を与える可能性があると提唱されている。これまでの研究では，日本のある地方の事例研究から，災害対策の強化にソーシャルキャピタルが重要な要素であることが報告されている。東日本大震災後の被災した住民を対象とした健康調査では，災害への備えは被災後年々低下していくが，地元の人々との絆が災害への備えを維持する要因となっていることが報告された。また，自然災害が多いといわれているフィリピンやタイの住民を対象にした研究において，高いソーシャルキャピタルが災害の準備を促進することが示された。

国連大学は世界リスク指標を用いて，各国における自然災害の危険度を総合的かつ客観的に把握するデータを提供している（United Nations University, 2016）。世界リスク指標は，自然災害の脅威にさらされる危険性，脆弱性，対処能力（行政などの社会構造的側面），適応能力（環境，衛生，教育などの側面）の４つの要素に基づいて算出される。その１位はバヌアツ，２位トンガ，３位フィリピン，６位ソロモン諸島，10位パプア・ニューギニアと南太平洋に面する国々が占めており，地震やサイクロンに脅かされる島嶼地域での災害規模の拡大が懸念される。世界でも最も自然災害リスクの高いこれらの国々では，自然災害に対する防災対策は喫緊の課題である。同じ島嶼国である日本は自然災害に見舞われる可能性では世界で４位と高いが，対処能力や適応能力が評価され，総合評価は 17 位である。島嶼地域における防災対策においても地域のレジリエンスが重要である。

防災対策へのソーシャルキャピタルの活用

このように，自然災害が大規模災害につながるかは，その地域のインフラなどの脆弱性や対処能力，衛生状況や教育などの社会的要因に影響を受ける。ただし，島嶼地域では限りある資源を有効に活用した防災対策が求められる。今後，建物の強靭化などハード面だけでなく，住民自身が災害への備えを行い，被害を軽減する対処力，対応能力の向上が重要である。そして，島嶼地域の特徴のひとつである共同体的紐帯，人と人とのつながりや信頼といったソーシャルキャピタルを活用した防災対策の有効性については，学問領域として魅力ある分野である。

（當山裕子）

主要参考文献

内閣府「令和 2 年版防災白書」(2020)　http://www.bousai.go.jp/kaigirep/hakusho/pdf/R2_dai1bu1-1.pdf

防災・減災日本 CSO ネットワーク（2016）「市民のための仙台防災枠組み 2015-2030」。

United Nations University: World Risk Report 2016. http://collections.unu.edu/eserv/UNU:5763/WorldRiskReport2016_small_meta.pdf

19 マングローブと防災

ミクロネシア・ポンペイ島のヒルギ科マングローブ　(出所)筆者撮影

概　要

今世紀に入り，大地震に伴う大津波や大型台風による高潮の被害が熱帯の島嶼地域を中心として増加する傾向にある一方で，海辺に分布するマングローブの防災機能が注目されるようになった。しかしこれらイベント型天災が起きていない平時においても，マングローブは環境を安定させ，天災を抑止する重要な役割を果たしている。

マングローブとは？

マングローブという名の植物は存在しない。高山に分布する植物群落を高山植物と呼ぶのと同様，ある環境に生育する植物群落の総称である。マングローブとは汽水域の潮間帯[1]に生育する常緑の木本植物を中心とした植物群落で，熱帯，亜熱帯域に分布している。その種数は全世界で約 20 科 73 種といわれているが，汽水域の草本植物，シダ類まで含めて 100 種類以上数える植物研究者もいる。樹種によっては河川がない熱帯域の小さな孤島に群落を形成することもある。

マングローブ林のなかで特に大きく成長し，大群落を形成するのはヒルギ科のマングローブである。熱帯域に分布する代表的なヒルギ科，オオバヒルギ（*Rhizophora mucronate* L.）やフタバナヒルギ（*Rhizophora apiculate* L.）の平均樹高は20mを超え，マングローブ林の主要優先樹種(2)となることが多い。

マングローブ林は世界123カ国・地域での分布が知られ，総面積は15万2,360Km^2，世界の熱帯雨林の１％，世界の森林面積の0.4％（Spalding et al., 2010）。面積は熱帯雨林のわずか100分の１だが，マングローブ林は汽水域に接する熱帯雨林の外周を囲むように分布し，地震による津波，台風による高浪や河口域の増水に伴う土壌浸食を防ぎ，結果的に水辺に隣接する熱帯雨林を守る役目を果たしている。

日本のマングローブは沖縄県と鹿児島県に分布している（伊豆半島のマングローブは植林による）。総面積744ヘクタール（7.44Km^2）で世界のマングローブのわずか0.0048％だが（Spalding et al., 2010），世界のマングローブ分布の北限に相当し，世界自然遺産でもその価値が認められている。

日本にはオヒルギ（*Bruguiera gymnorhiza*），ヤエヤマヒルギ（*Rhizophora stylosa*），メヒルギ（*Kandelia obovata*），ヒルギダマシ（*Avicennia marina*），ヒルギモドキ（*Lumnitzera racemosa*），サキシマスオウノキ（*Heritiera littoralis*），ニッパヤシ（*Nypa fruticans*）の８種類が分布しているが，全てのマングローブが分布するのは沖縄県八重山郡の西表島で，日本のマングローブ林の７割が西表島に分布している。

マングローブの特徴として変わった根の形が目を引く。特に樹高が高くなるヒルギ科の根は樹幹から幾重にも棒状の根が湾曲して地面に突き刺さり，樹体を支えている様子から支柱根と呼ばれ，マングローブの象徴として扱われることが多い。

マングローブの防災機能が注目されたスマトラ島沖大地震

2004年にインドネシア西部，スマトラ島北西沖のインド洋でマグニチュード9.1のスマトラ島沖大地震が発生した。この大地震で大津波が発生し，周辺の島嶼国を含む広い地域で死者，行方不明者が22万人を超えた。悲惨な状況が伝えられる一方で，被災地沿岸に生育するマングローブが津波の勢いを低減して被害を免れた集落や，引き波で流される際にマングローブに掴まって助けられた人々の例が多く報道され，マングローブの防災機能が注目されるきっかけとなった。このとき注目されたマングローブはヒルギ科のマングローブで，幾重にも重なる支柱根が打ち寄せる波の勢いを減衰させ，海辺の集落の被害を減少，引き波で流される人や物を受け止めた。

マングローブと地球温暖化の関係

しかしマングローブの防災機能は災害時だけのものではない。平時のマングローブ林においても，防災の観点からプラスになる現象が常に継続している。マングローブの根には様々な形状があるが，これらの根は平時にも潮間帯の水の勢いを低減させ，流れてきた土砂や落ち葉等有機物の沈殿を促進する。その結果，マングローブ林とその周辺にはマングローブ泥炭が形成され，地盤高が上昇する。この作用は土壌浸食防止の点で非常に重要である。島嶼国であるツバル，キリバス共和国，モルディブ共和国では，地球温暖化による海面上昇に伴う海岸浸食を防ぐため，マングローブが盛んに植林されている（ISME）。

またマングローブは地上よりも地下部分にバイオマスを多く蓄積することが知られている。樹木の重量ベースバイオマスの約半分は炭素の重量である。太平洋地域のマングローブ林の地中のバイオマス量は亜寒帯林，温帯林，熱帯高地林の3倍以上で（Donato et al., 2011），地下部分に大量の炭素を蓄積している。そのマングローブは先述したとおり，潮間帯に分布しており，その根茎は汽水に沈む場所にあることを意味している。通常の陸上の樹木は地上部だけでなく根茎も含め，枯死するとシロアリに食されたり，菌類等各種微生物に分解され，最終的には樹体に蓄えられていたほとんどの炭素が大気中に放出される。しかしマングローブの場合，枯死した根茎は常に水を含んだ泥炭中にあるため還元状態にある。ときおり物理的な外力で砕けて小さくなることはあっても，酸化される機会がほとんどないので化学的分解が進まず，蓄えられた炭素はそのまま泥炭中に蓄積され続ける。倒壊した樹幹部が泥炭にのめりこみ，樹幹に蓄えられた炭素がそのまま泥炭中に蓄積されることもある。こうして蓄積されたマングローブ泥炭中の炭素は，地殻変動等の作用で水面上に隆起しない限り大気中に放出されることがほとんどない。つまりマングローブ生態系は，地球温暖化の主要因である炭素を他の森林生態系よりも長期間安定的に貯蔵する重要な役割を担っているのだ。

マングローブの脆弱性

地球温暖化の抑制に貢献するマングローブだが，地球温暖化に伴う海面上昇はマングローブにとっても大きな脅威である。マングローブ生態系は地球上の熱帯・亜熱帯の河口域，潮間帯に分布し，水平分布が超広域である一方，垂直分布は平均海水面よりも1メートル高い程度で，一樹種ごとの垂直分布に至ってはわずか数十センチしかない。これほど垂直方向の分布域が狭い木本植物群落は希有であり，この事実は「湛水ストレス(3)や塩ストレスにも強い特殊な植物」という印象とは異なる脆弱な側面があることを示している。

多くのマングローブ樹種は散布体（胎生種子）や水に浮く種子を水面に漂流させて母樹から離れた場所に子孫を残すことが可能だが，海面上昇速度が早いと，十分なバイオマス貯蔵量をもつ次世代マングローブ生態系を残す前に，現存する主要なマングローブ生態系が水没してしまう。試算によると，100年当たりの海面上昇速度が100センチを超えると，現存する大部分のマングローブ林は，次世代のマングローブ林が成立する前に消滅すると考えられている（環境省，2020）。

過去半世紀の経済的開発により世界のマングローブ生態系は50％減少したといわれている（Donato et al., 2011）。再生植林が進められているが成功率は必ずしも高くないようである（小見山，2017）。熱帯，亜熱帯島嶼の人の営みを守り続けてくれるマングローブ生態系だが，人もマングローブ生態系を守らなければ，沿岸域，島嶼域の人間の生存圏が急速に失われる可能性は高い。

（渡辺 信）

語句説明

（1）潮間帯：高潮線と低潮線との間の海岸。波と砂・礫（れき）がつくった微地形や，波食棚が見られる。

（2）優先樹種：複数の樹種で構成される森林において，競合する他の樹種よりも個体数の多い，またはより大きなバイオマス（ある時点にある空間内に存在する生物量。重量またはエネルギー量で表す）を形成する木本樹種。

（3）湛水ストレス：たたえられた水に個体全体ではなく部分的に浸るストレス

主要参考文献

環境省（2020）『IPCC「海洋・雪氷圏特別報告書」の概要』環境省。

小見山章（2017）『マングローブ林　変わりゆく海辺の森の生態系』京都大学学術出版。

Donato, D. C., Kauffman, J. B., Murdiyarso, D., Kurnianto, S., Stidham, M. and Kanninen, M.（2011）. Mangroves among the most carbon-rich forests in the tropics. Nature Geoscience 4: 293-297.

ISME（国際マングローブ生態系協会）http://www.mangrove.or.jp/index.html

Spalding, Mark, Kainuma, Mami, Collins, Lorna（2010）. “World atlas of mangroves.”（earthscan）

20 天然痘

「疱瘡歌」の表紙
（出所）『[疱瘡歌]』伊波普猷文庫 IH050（琉球大学附属図書館所蔵）https://doi.org/10.24564/ih05001

天然痘とは

天然痘は，感染力の非常に強い痘瘡ウイルスによって起こる伝染性感染症のひとつであり，人類史上最大の被害をもたらした感染症とも言われる。潜伏期間から終始強力な感染力をもち，感染者の20%を死に至らしめるが，回復すると終生続く強い免疫が獲得されるため，ほとんどの場合二度と天然痘ウイルスに感染することはない。そのため，古くから人為的に感染させて免疫を形成する人痘種痘によってその予防が図られてきた。19世紀に入ると，イギリスの医師ジェンナー（Edward Jenner 1749–1823）によって死亡リスクの低い牛痘種痘(1)が発明され，全世界へ広がっていった。これが今に繋がる「ワクチン」の始まりであり，ジェンナーの発明から200年後の1980年にはWHOによって天然痘の絶滅が宣言された。

このように天然痘は強力な感染力によって人類の生活を脅かしてきた反面，

免疫の有無によって感染予防が可能であり，社会的な影響を受けやすいという特徴を有している。そのため，感染症の特徴や治療法とともにそれを取り巻く社会状況（政治・文化）など歴史学の視点からみていくことが重要と言える。

ここでは琉球沖縄での天然痘流行の事例を通して，人々がどのように感染症流行を受け止めて対峙してきたのか，また流行の背景にはどのような社会的背景がみえてくるのか，探ってみたい。

天然痘流行と琉球社会

近世の琉球では，「十三年廻（じゅうさんねんまーる）」と呼ばれる13年に一度の周期で人為的に行われた天然痘流行によって，「集団免疫」の獲得が試みられていた。天然痘は「美ら瘡（ちゅらがさ）」と表現され，天然痘をもたらすと神（疱瘡神）を「うとぅいむち」（歓待）する慣習も各地で行われている。また，これを歌った琉歌（疱瘡歌）も遺っており，琉球の人々は疱瘡神を「美ら瘡」と褒め称え，もてなすことで一刻も早く退散することを願ったのである。

また，琉球社会は公的な免許をもった「医師」の少ない社会であった。大正時代ごろまで「医師」は首里と那覇に偏重し，地方では藪（やぶ）と呼ばれる民間医による治療やユタ（シャーマン）による祈祷，各地域での民間療法によって治療が行われた。近代以前の社会では，感染症は悪い空気や悪霊によってもたらされるものと認識されており，流行に際しては「シマクサラシ」などの悪疫払いが行われた。シマクサラシは現在でも年中行事として琉球列島の各地で行われている。豚や牛などの家畜を屠り，祈願の後にその肉を参加者で共食し，残った動物の肉や骨の一部もしくは動物の血で染めたワラ縄（左縄）をムラの入り口や屋敷の四隅に吊るすことで，ムラの外から疫病や悪霊などの災厄が入ることを防ぐ効果があると考えられていた。

その一方で，19世紀末の琉球では天然痘対策として当時最新の医療技術であった牛痘種痘の導入もみられる。琉球王府は中国や薩摩からの入念な情報収集と独自の種痘実験を沖縄島北部の屋我地島で行い，1868年にこれを正式に導入した（豊見山，2016）。しかしながら，これが琉球社会に根付く前に琉球王国は近代日本へと取り込まれ，天然痘対策は振り出しに戻った。

1879年の廃琉置県処分（琉球処分）により琉球王府が廃され，これに替わって沖縄県が設置される。県当局は，置県当初より他府県と同等の医療環境の整備を進めたが，新たな統治者となった大和人に対する忌避感から効果は上がらなかった。さらに，1885年から1886年にかけて琉球沖縄の天然痘史上最悪と言われる大流行が発生する。これは患者数約5,000人，死者数約1,000人という爆発的な流行であった（稲福，1995）。沖縄県設置後の混乱状況のなかで免疫保持者が減少したことが大きな原因と思われるが，流行中にも大和人が故意に天然痘を流行させているという噂が流れるなど，沖縄統治に対する琉球社会の忌避感が大きく影響していた。

ヒトの移動を通して

島嶼地域である沖縄は，地域の内部で病原体が常時循環する程の人口規模にないため，元来防疫に強い地域性をもっており，多くの場合感染症は集落（シマ）の外部からもたらされるものであった。近代医学が導入される以前から人々は，そのことを経験的に感得しており，近世期から感染症流行に際しては船舶隔離や少し離れた小島（例えば，那覇港内の奥武山など）への隔離によって対策が講じられてきた。事例であげた近世末期から明治前半においても同様であり，特に明治前半の沖縄での感染症流行は航路で繋がる関西や鹿児島での流行と連動したものであった。

一方，沖縄での感染症流行の島嶼性がよりみえてくるのは，日清戦争以降である。日清戦争の結果は，沖縄に二つの大きな変化をもたらした。ひとつはそれまで日清間で棚上げとなっていた琉球の所属問題が事実上決着し，日本への同化が進展したことである。そのプロセスで，王国時代からの土地制度（土地の共有制）が改良され，県外への出稼ぎや海外への移民が活発化した。1908年には，移民帰りの人物が帰郷途中の関西で天然痘に感染し，それが沖縄本島でさらに広まり，大流行となった事例もみられる。

もうひとつは台湾の存在である。1895年に台湾は日本の植民地となり，それ以降近代を通して沖縄－台湾間での多くのヒトやモノの往来がみられる。その一方，当時台湾は「悪疫の根源地」としても認識されており，実際に隣接地域である八重山・宮古をはじめ沖縄本島へ台湾から感染症が流入した事例がみられる。その結果，明治後半から大正期にかけて沖縄の衛生対策は，台湾からの感染症流入を念頭に置いた水際対策や那覇をはじめとする港町の消毒に重点が置かれるようになった。

病との「共生」をめぐって

風邪をひいたら病院へ行く。薬を飲む。もしもそれが感染力の強いものであれば入院もしくは患者を隔離するという現代のわれわれが当たり前のように行っている病への対処法も，歴史を振り返ってみれば，つい最近（100年余りの間に）定着したことである。

一方，昨今の新型コロナウイルス（COVID-19）パンデミックを受けて，「ポストコロナ」の時代を考えるなかで，「病との共生」がキーワードのひとつとなっている。特に島嶼地域である沖縄では，基本的に病はシマの外部から入ってくるという前提の下で，病との適切な付き合い方を考える必要がある。そして，これを考える上で重要となるのが，その地域が経験してきた感染症流行の「歴史」である。医療の技術水準や流行の特徴，社会的背景を踏まえつつ，過去の人々は感染症流行という危機的な状況をどのように乗り越え，生き抜いてきたのか，歴史を通して捉え直すことで，現代の我々に求められる「共生」のヒントを見出すことができるのではなかろうか。感染症対策としての科学技術の進展とともに，今一度過去の「歴史」にも目を向けることが重要と思われる。

（前田勇樹）

語句説明

（1）牛痘種痘：エドワード・ジェンナーは，乳牛の牛痘（cow pox）に感染した乳搾りの女性が天然痘に感染しないことを発見し，これを活用した牛痘種痘を発明した。

主要参考文献

稲福盛輝（1995）『沖縄疾病史』第一書房。
豊見山和行（2016）「琉球国における清国・日本医療の受容と展開――『牛痘一巻』の分析を中心に」『第十一回 琉球・中国交渉史に関するシンポジウム論集』沖縄県教育委員会。
前田勇樹（2021）『沖縄初期県政の政治と社会』榕樹書林。

21 八重山のゼロマラリア

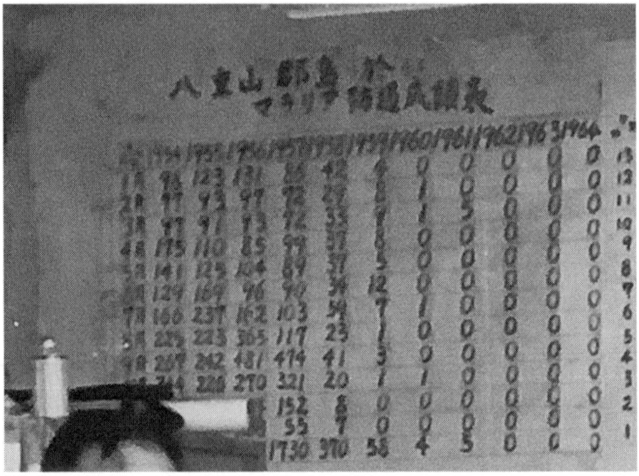

1961 年の 5 名の患者発生を最後にゼロがつらなっている表
（出所）内原早紀子提供

なぜ，いま「八重山のゼロマラリア」なのか

世界で最も多くの人を殺している動物は蚊である。蚊媒介性感染症により年間 70 万人がなくなっていると言われる。その中でもアフリカや東南アジアを中心に，世界 3 大感染症の一つマラリア[1]により熱帯地域で多くの命を奪い，SDGs のターゲット 3.3 では，「2030 年までにマラリアを根絶する」が掲げられている。成果があがり，マラリア死者数が 2000 年推定，年間 73 万 6,000 人から 2019 年推定年間 40 万 9,000 人となり，明らかな現象が見られていた。しかし，Covid-19 パンデミックの影響で，2020 年のマラリア死者数は，62 万 7,000 人に膨れ上がったと推定された（World Malaria Report, 2021)。

対岸の病気の印象が強いマラリアだが，かつて沖縄で猛威をふるい，マラリアが人々を苦しめてきたことはあまり知られていない。特に八重山地方の島々はヤキーヌシマ（マラリアの島）とよばれ，マラリアは人々の暮らしや社会発展を阻害する最大要因として，恐れられてきた。第二次世界大戦下，日本軍が食料確保とスパイ防止のため，八重山住民を，マラリアが蔓延するジャングルへ強制的に避難させ，戦争マラリアと呼ばれる惨劇を経験した。その被害は，戦闘行為による死者が178人であったのに対し，マラリアにより人口の1/10の3,647人が亡くなった。肉体的，精神的，社会的に大きな傷跡を残した八重山は戦後，米軍政府，行政，住民により，世界に誇るべきマラリア対策を実行し，1962年八重山からマラリアは一掃された。現在八重山の生物多様性を育むジャングルで遊べるのは，当たり前のことではなく，先人たちの血のにじむ労苦の賜物なのである。

当時米軍の統治下であり，経済的に困難ななかで，400年以上苦しめられた風土病マラリアがいかに一掃(2)されたのか，史実より感染症対策の教訓を読み解く。

八重山のマラリア対策史の概要

八重山では，組織的にマラリア対策が行われた1922年から，ゼロマラリア達成の1962年までの患者数の統計資料がある（図表21-1）。

八重山のマラリア対策は大きく3期5相がある。①期 PhaseI（戦前）原虫対策期，②期（戦中から戦後1957年まで）蚊の発生源対策期，③期 Phase V（ウイラープラン実施期1957-1962年まで）成虫蚊対策期であり，②期はさらに Phase Ⅱ戦争マラリア期　Phase Ⅲ戦後住民参加型対策期　Phase Ⅳ移民マラリア期に分けられる。

八重山のマラリア対策の特徴は，証拠に基づいた科学的な政策と科学者のリーダーシップにあると言ってよい。Phase Ⅰ科学の重要性を知る宮良長詳マラリア防遏班班長は予算も十分ではないなかではあったが，科学的な強制力を伴う対策を行なっている。Phase Ⅱ住民には食料も薬もない戦時中の強制避難のなか，八重山では避難所ごと，居住者ごと，年齢別，マラリア種等，詳細なデータが組織的に取られている（他の島ではみられない）。データの重要性を理解し，感染症研究で高名な八重山出身の吉野高善博士が取りまとめたものであ

図表 21-1 八重山マラリア患者数の推移

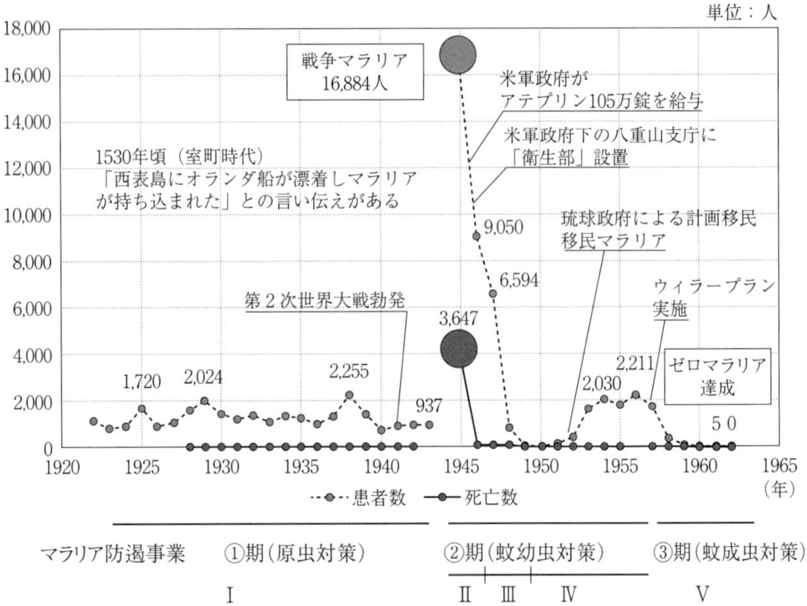

（出所）民族衛生 60 巻 pp. 67-84，統計資料より筆者作成

り，これらデータが，のちの米軍からの抗マラリア薬 105 万錠や食料等，潤滑な支援を引き出し，また，後世に戦争の実相を伝えている。Phase Ⅲ吉野は八重山行政のトップとなり，同時にマラリア対策に情熱を尽くす大濱信賢博士が医療行政リーダーとなる。大濱は詳細な蚊の生態調査を行い，リスク評価を行っている。また，大濱は罰金つきの強制力を伴う取締規則を制定し，科学に基づいた強いマラリア対策を行うことにより，住民の行動変容を促した。住民は検査受診，服薬，移動制限，マラリア対策作業への参加が課された。マラリア対策は功を奏し，1949 年患者数 14 人を記録し，いったんは制圧された。Phase Ⅳマラリアが収束し，八重山開拓にむけ，他島からの移民受け入れに積極的になり，入植した人々のなかでのマラリアの流行が起こる。第 2 波ともいうべきいわゆる移民マラリアである。Phase Ⅴ移民マラリアの事態を重くみた米軍は，GHQ の医動物学者ウイラー博士を招聘した。彼は既に台湾で効果を

写真 21-1 保健所職員と表

（出所）内原早紀子提供

あげていた証拠に基づくDDT屋内残留噴霧[3]を中心とした成虫蚊対策計画（ウイラープラン）を策定し，米軍は集中的な資金の投入を行った。米軍式トップダウンで，保健所職員の作業を徹底させ，住民もこの作業のために家具を移動するなどの協力を行なった。1962年，八重山のゼロマラリアが達成された（写真 21-1）。

島嶼の間を埋めるもの

他の島々との関係が感染症の状況に強く影響したのがPhase Ⅳでの，移民マラリアである。Phase Ⅲ末，沖縄本島では米軍基地建設のために住む土地を奪われ，琉球政府は八重山への計画移民を推し進める。宮古の人々は資材と食糧不足のため，自由移民として入植していく。その頃，八重山では感情的にも島を二分することになる1950年初の選挙が行われ，マラリア対策に大きな貢献をした吉野知事が破れ，政権が交代した。マラリア対策予算を削られ，入植者への適切なマラリア対策を打ち出せず，移民の間にマラリアの流行，いわゆる移民マラリアが蔓延する。科学的な答えと社会的な答えのズレは生じるものであるが，感染症に関して科学的にちぐはぐな政策は感染症の波を生じさせる。患者数は戦前の2,000人規模に膨れ上がり，対策は最前線にいた保健所職員の使命や情熱に依存する。交通費も超過勤務手当もないなか，八重山の保健所職員が入植した他島移民のために，身の危険を犯しながら巡回し，緊急事態には昼夜なく入植地に向かい，投薬を行い，夜の蚊帳使用の状況を確かめた。入植者におけるマラリアイベントは，強烈なインパクトがあった可能性がある。八重山住民は八重山ひじゅるーという言葉があるように，よそ者には距離を置く傾向が強い。献身的に働いた保健所職員と入植者の間には，科学的な政策が期待できないなか，試行錯誤と順応により構築された特殊な信頼関係が生じたと考えられる。2019年のインタビュー調査時80-90歳になった当時の入植者はいまだに保健所職員の名前を覚えていた。科学を理解するリーダー不在のなか，第2波ともいうべき移民マラリアを乗り越えることができたのは，公文書や新聞記事に載っていない島嶼間の助け合いや，信頼関係があったことが資料から明らかになってきている。そして，この信頼関係の上での住民協力がなければ，科学的なウイラープランが実施されてもゼロマラリアが達成されることもなかったのではないかと推察する。ここに狭義の島民意識を超える，琉球弧に住む人々のコミュニティを形成する器作りの鍵があるのかもしれない。

感染症時代への教訓

21世紀は感染症の時代である。現在，解決すべき社会問題――グローバル化，戦争や災害による土地利用の変化，気候変動――は新興再興感染症の出現と拡大を促進する。残念ながら，科学が進歩し，ワクチンが一年以内に開発されるという現代においても，Covid-19のような感染症を前に，八重山のマラリア対策から学ぶ教訓は多いことに気がつく。人々の行動は，いつの世も情に左右される。だからこそ，証拠に基づく科学的な政策が必要であり，信頼されるリーダーの言葉が必要なのである。Covid-19流行において，われわれはまさに実践研究をしている最中なのである。

（斉藤美加）

語句説明

（1）マラリア：ハマダラカ（蚊）によって媒介される病気である。蚊の吸血時マラリア原虫が人の血中に入り，感染が成立する。高熱，寒気，頭痛，嘔吐，関節痛，筋肉痛の症状がでる。治療が遅れると重症化し，意識障害，腎不全などで，しばしば死に至る。

（2）ゼロマラリア：地球から病気がなくなることをEradication（撲滅）といい，ある地域や国から病気がなくなることをElimination（排除）という。八重山の場合，マラリア排除だが，日本語の排除を避け，ゼロマラリアとした。

（3）DDT 屋内残留噴霧：DDT とは dichlorodiphenyltrichloroethane の略で，有機塩素系の殺虫剤である。安価であり，有効性，持続性は高く，マラリア対策に広く使用された。レイチェルカーソンの「沈黙の春」で危険性が指摘され，現在は製造・使用が禁止されている。DDT 屋内残留噴霧は，家屋内の壁に隙間なく DDT を散布し，吸血後のマラリア保有蚊を殺すことにより感染経路を遮断する方法である。WHO によるマラリア撲滅計画（MEP）で，推奨された。

主要参考文献

斉藤美加（2021）多言語版ストーリーマップ『Malaria History in Yaeyama War Malaria and Malaria Elimination』（https://arcg.is/1y0qHC）。

南風原英育（2012）『マラリア撲滅への挑戦者たち』（やいま文庫 13）南山舎。

宮内泰介（2013）『なぜ環境保全はうまくいかないのか――現場から考える「順応的ガバナンス」の可能性』新泉社。

22 琉球在来豚アグーの復活と島嶼ブランド化

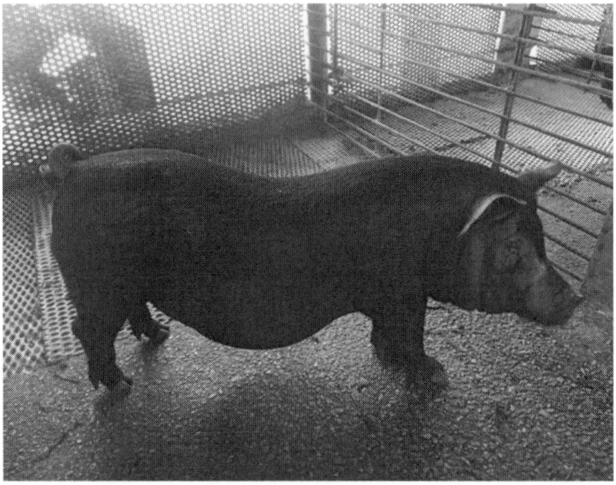

沖縄本島の養豚場で飼育されていた若いアグー。黒色で背中が大きく凹み，腹が下垂しているのが特徴である。（出所）筆者撮影

沖縄の養豚の歴史と島豚

沖縄に豚がもたらされたのは，14 世紀後半に琉球王の使者が中国の明から沖縄に種豚を持ち帰ったのが起源とされている。琉球王朝時代は中国からの冊封使をもてなすために養豚が奨励され，豚肉料理が宮廷料理として振る舞われた。当時の豚は島豚と呼ばれ，小型で発育は遅いが粗食に耐え，飼いやすく，その肉は美味であったそうだ。

明治時代に入り，農商務省からもたらされた西洋品種の黒色バークシャーと島豚が何代もかけ合わされてできたのが，琉球在来豚「アグー(1)」と呼ばれる沖縄固有の品種である。「イモと豚」の文化で知られる沖縄では，明治期から戦前にかけて主食のイモ作りが行われ，ほとんどの屋敷内でアグーが飼われ，イモが餌として与えられた。

しかし第二次世界大戦で壊滅的な被害を受け，人間とともに食料となる豚も一時沖縄から姿を消した。戦後，復興対策として沖縄県を統治していた米軍政府により，食糧増産のために白色系西洋品種の豚が導入され，故郷の復興を願う沖縄系ハワイ移民からも500頭を超える豚をプレゼントされた。これらの豚が現在の沖縄の養豚を支える基礎となり，現在に至るまで豚肉料理は沖縄の文化に深く根付いている。

琉球在来豚アグーの復活と地域ブランド化

一方，成長が遅く産仔数の少ないアグーは，経済性に見合わないということで西洋品種にとって代わられ，戦後は絶滅の危機に瀕した。1970年代に名護市博物館がアグーの調査・収集を行い，在来豚の血が濃いと判断された豚が地元の北部農林高校に集められた。そこで約10年かけて雑種性を取り除くための交配を繰り返した結果，琉球在来豚アグーが復活した。長い間苦労を重ねてきたアグーの復元であったが，限られた個体数のなかで近親交配が繰り返された結果，奇形や産仔数の減少などに見舞われた。また，当初は経済動物としての評価も著しく低く，脂身の多い肉質は健康志向が高まっていた人々の嗜好に合わず，農家や地元での評判は芳しくなかったようである。

転機は，1996年に沖縄県経済連（現JAおきなわ）が「あぐー」の商標権を取得したのち，琉球大学へ肉質成分分析を依頼したことで訪れた。成分分析の結果，市販の豚肉（三枚肉）と比べて「あぐー」豚肉はコレステロールが少ないだけでなく，旨味成分であるグルタミン酸がより多く含まれていることが発表された。2000年代からの沖縄ブームに乗り，アグーが希少な在来豚としてマスコミから注目され始めると観光客の間で人気が高まった。

ところが知名度が上がるにつれ，各地でアグーに類似した豚が飼われ始め，飲食店でもアグーの看板を掲げる店が増えると，ブランドに対して疑念の声が聞かれるようになった。さらに各地へアグーが分散したことによる近親交配の影響も出始め，品種の維持が危惧された。

そのようななか，県はアグーの生産供給体制の支援や地域特性を活かした養豚業の振興を図ることを目的に，2005年に「おきなわブランド豚推進協議会」

を設置し，外貌審査やDNA検査などをもとにアグーの認定登録制度を整え，ブランドの信頼回復を図った。琉球沖縄の歴史文化のなかで活きてきた島豚は，地元関係者の地道な努力により復活し，主に観光客用の高級嗜好食材として，県内のホテルやレストランなどで提供されるようになった。また豚肉が沖縄の健康長寿の源として紹介されると，アグー豚肉が香港など海外へも輸出されるようになった。

豚熱発生とアグーの予防的隔離

2020年1月から3月にかけて沖縄本島中部において豚熱が発生し，県内の豚飼育頭数の5.7%にあたる1万2,381頭が防疫措置により殺処分された(2)。そのなかにはアグーも含まれていた。防疫対象となった農家には「手当金及び特別手当金(3)」が支払われるが，アグーは希少性が高く特殊な品種であるため，県協議会の規程により取引が制限され，生産者は直営店や契約企業との価格交渉を通して直接肉を卸すことが多い。そのため殺処分されたアグーの価値が市場価格を算定基準するための交付金額確定への障害となり，被害農家への補填が一部遅れた。

関係者会議で，アグー系統の全滅を回避するために豚の避難の方針が固まると，沖縄本島内で飼われていた1,108頭の内から優良な遺伝資源として認められたアグー雌雄それぞれ25頭が県内離島へ隔離された。豚の避難に必要な輸送費や施設改修費は，農林水産大臣からの後押しも受け，国の補助事業として実現した。日本本土と異なる歴史文化をもつ沖縄の在来種保存の必要性を，国が認識しているという側面がみえ，興味深い事例である。

2020年の年明けとともに沖縄県内でも新型コロナウイルス感染症がまん延し始め，観光業界や外食産業などは大打撃を受けた。その影響は，観光や外食産業を中心として流通販売網を構築してきたアグーの生産を直撃した。アグーの豚肉は飲食店などの休業により行き場を失い，食肉卸業者では大量の在庫を抱えることとなった。緊急的な苦肉の策として，(財) 沖縄県畜産振興公社が県内企業団体にアグー豚肉の団体購買への協力を依頼したところ，多くの地元企業から賛同が得られ，急場をしのぐことができた。コロナ禍が長引きアグー豚肉の流通販売が深刻となるなかで，公社が国の公募事業で子ども食堂や県内全域の学校給食にアグー豚肉を提供したこともニュースとなった。

島嶼県沖縄における今後の養豚の展開とブランド豚の可能性

島嶼地域の養豚は，開発や混住化が進展するのに伴い，動物から排出される糞尿や汚水などによる環境負荷から周辺住民からの反対にあい，行き場を失った養豚農家が地域周縁部に追いやられた。飼料となる穀物や原油価格の高騰も，小規模農家の廃業に拍車をかけている。一方でグローバルな視点から畜産業をみると，多頭飼育による大規模経営化，オートメーション化が進められ，以前にも増して経済性や効率性が重要視されている。島嶼は土地や資源が不足しているばかりでなく，流通販売などにおいても不利な条件が多い。

2022年に沖縄県養豚の主要産地でもある沖縄本島北部地域が，西表島，奄美大島，徳之島とともに世界自然遺産に登録された。世界自然遺産登録により，地元のアグー生産者からも第6次産業のビジネスチャンスにつながるのではと期待する声も上がる。しかし同時に，環境問題が進展しさらなる苦境が訪れるかもしれない。

島嶼という限られた資源の場において，畜産業は経済性や効率性だけの追求ではなく，アグー復活事例のように地域ブランドを確立し，一方で地元消費者にも目を向けながら，歴史文化に通ずる新たな視点や戦略を取り入れた持続的な発展が望まれる。

（名護麻美）

語句説明

（1）アグー：あぐー（JAの商標登録でアグーを活用した豚肉ブランドの総称）と呼ばれることがあり，本論点では品種名を表す島豚を総称でアグーと呼ぶことにする。

（2）豚熱：家畜法定伝染病のひとつ。ウイルスの拡散を防ぐために，被害のあった養豚場で飼われる豚を全頭処分し，地中深く埋却し，養豚場の消毒を行うなどの防疫措置が必要となる。

（3）手当金及び特別手当金：国では法律により特定の家畜伝染病が発生した場合，その損失を補填するため算定基準に基づいた金額を「手当金及び特別手当金」として交付されることになっている。

主要参考文献

仲村敏（2007）「琉球在来豚アグーの概要とブランド化への取り組み」『養豚の友』11月号，pp. 28-34。

平川宗隆（2016）『復活のアグー――琉球に生きる島豚の歴史と文化』那覇出版社。

23 キャリング・キャパシティ（環境容量）

サンゴ礁の海でシュノーケリングする観光客
（出所）筆者撮影

キャリング・キャパシティとは

キャリング・キャパシティ（carrying capacity）は日本語で「環境容量」または「環境収容能力」と表される。その自然環境が養うことのできる生物の最大規模，あるいは自然界や生態系に元々備わっている浄化能力や原状復帰能力の水準を示す言葉である。キャリング・キャパシティには生態学的な定義と社会的な定義がある。生態学的キャリング・キャパシティ（ecological carrying capacity）は，その自然が有する収容力で養うことができる動植物や人口の最大値を指す。また，大気や河川・海洋等，自然環境の浄化能力が十分に機能する汚染物質排出量の上限を表す際にも用いられる。一方，社会的キャリング・キャパシティ（social carrying capacity）は，近年では観光との関連で用いられることが多くなったが，その地域の社会インフラ（例：交通，廃棄物処理，上下水道）の能力で受け入れることのできる最大観光客数や，混雑によって観光客の満足度を低下させずに受け入れることのできる最大観光客数を指す。

環境の収容力と人口の問題を指摘したことで有名なのは，18世紀末に発表されたマルサス（Thomas Robert Malthus, 1766-1834）の『人口論』である[1]。よく知られている「人口は，何の抑制もなければ，等比級数的に増加する。生活物資は等差級数的にしか増加しない」（第1章）という一節は，産業革命を経て急速に増加する人口と農業生産力の伸び方とを比較し，将来訪れるであろう人類の危機を指摘したものである。また現代においては，環境問題に特化した国際会議として初めて開催された国連環境開発会議（通称：ストックホルム会議）が開催された1972年に，科学者や経済学者，教育者等による民間組織「ローマ・クラブ」が発表した『成長の限界』が知られている。世界が戦後の経済成長をひた走るなか，このまま成長を続けると，人類は資源制約，環境制約，食糧制約に次々と直面し，その都度技術革新などにより克服するも，最後はこれら3つの制約が同時に発生し，経済は縮小せざるを得なくなるという衝撃的なシミュレーション結果を公表した。こうして，人間の経済活動による圧力が自然環境に不可逆的な影響を与えてきたことを顧みるなかで，経済活動と環境容量の関係が重視されるようになるのである。

キャリング・キャパシティを把握することの難しさ

産業公害や自動車公害，大量消費に伴う廃棄物問題はもちろんのこと，森林伐採や埋め立てなどによる自然破壊，オーバーツーリズムによる過剰利用など，環境への過度な圧力を防ぐためには，科学的・客観的な指標としてキャリング・キャパシティを算出し，その水準以下で経済活動を行わなければならない。しかしながら，いずれのキャリング・キャパシティの推計も容易ではない。自然環境は様々な要因によって常に変化しており，物事の指標化に必要な「標準的状態」を規定することが難しいからである。例えば水の供給能力を表すダムの貯水量は，降雨量等の気象条件に大きく左右される。また，観光客が滞在先で消費し排出する水の量も，滞在中の活動などによって異なる。同一国内でも地域によって状況は様々であるため，地域ごとにキャリング・キャパシティを把握する必要があるのだが，そのための知識や人材，労力の確保を考えると，これを徹底するには困難を伴う。

写真 23-1　離島を訪れた団体ツアー客

（出所）筆者撮影

島嶼におけるキャリング・キャパシティの重要性

島嶼の自然環境は，その固有性や多様性が高く評価されるが，人間活動の圧力に対して脆弱な場合が多い。また，島嶼の生活や経済は，食糧や水などの物質供給源や観光資源など自然環境への依存度が高いため，持続性を重視する上でその基盤となる自然環境の利用と保全の両立が不可欠である。特に観光に関しては，近年，オーバーツーリズムによる様々な問題が世界中の島嶼で発生している（**写真 23-1**）。訪問客数は，言い換えれば短期的に流入してくる人口増加の規模である。各々の観光客にとっては一時的な滞在でも，「総観光客数」は迎え入れる側にとって通年で養わなければならない人口となる。小さな島で観光客数がキャリング・キャパシティを超えて流入すれば，水不足や廃棄物処理など，観光客のみならず島民の生活まで脅かされる恐れがある。観光以外の外貨収入源となる資源や産業をもたない島嶼では観光客数の継続的な増加を目指しがちであるが，島民の生活環境を損なわないためにはキャリング・キャパシティの水準を知っておく必要がある。また，自然環境を楽しむような観光地では，観光客の入域自体が自然にとっての脅威となる。自然を活かした観光を持続的に営むためには，環境の不可逆的な損失は避けなければならない。キャリング・キャパシティに基づく入域者数を設定するなど，過度な圧力がかからない工夫は不可欠である。

また，島民の経済生活の変化もキャリング・キャパシティと関連付けて考えなければならない。現代の多くの小島嶼の経済は移輸入超過型となる傾向がある。多くの島民は現代的貨幣経済を営んでおり，食生活をはじめとする消費活動は先進国型にシフトしてきた。生産力が小さい島嶼では，こうした経済生活の変化によって膨張した需要を，島外からの移輸入で満たさざるを得ない。例えば太平洋島嶼国のスーパーマーケットに行けば，アメリカや中国，日本など海外から輸入された日用品や食料品が豊富に並んでいる。島の処理能力以上に入荷され消費される結果，キャリング・キャパシティを超える廃棄物が発生し，小さな島の貴重な土地を廃棄物が占有してしまうという状況も生じている。

このように，島嶼の自然環境や社会経済の特性に鑑みれば，キャリング・キャパシティを適切に把握することの重要性が分かる。一方，物理的にも経済的にも小規模な島々にとってはキャリング・キャパシティを設定することによる制約の影響も無視できない。しかし，適正な環境容量を踏まえた持続的経済を実現することができれば，その挑戦の成果を世界に発信し，島嶼地域がリーダーとなる分野を確立することができる。そのためには，様々なキャリング・キャパシティを算出する専門的知識やスキルの蓄積と人材育成，キャリング・キャパシティを守ることの必要性や重要性に対する島民の認知度を高める啓蒙活動や教育カリキュラムの実施などが不可欠となる。

キャリング・キャパシティを活かす

キャリング・キャパシティに基づく持続的な経済の構築に取り組むのは島民である。したがって，島民がその重要性を理解し，設定された環境容量水準に納得することが必要である。そのためにも，キャリング・キャパシティの算定段階から島民が参画することが望ましい。また，キャリング・キャパシティ自体は科学的なデータに基づいて算定されるべきであるが，それに基づいて設計される政策や方針は，環境保全が十分に実現される水準であると同時に，遵守可能な水準であることも重要である。現在定着している生活スタイルや，企業等が保有している生産工程や設備を簡単に変えることはできない。現状次第では，算定されたキャリング・キャパシティに向かって，急ぐことなく少しずつ状況を改善するという現実的な考え方も必要である。キャリング・キャパシティは，それ自体がルールなのではなく，環境保全と人間活動の両立条件を示す，ルールづくりのための指標なのである。

（藤田陽子）

語句説明

（1）マルサス：アダム・スミスに始まる古典学派に属するイギリスの経済学者。産業革命が進行するなかの1798年，過剰人口の問題を指摘し，人口抑制の必要性を主張した『人口論』を発表した。本引用部分を含む人口と食糧の関係に関する彼の主張は「マルサス主義」と呼ばれる。

主要参考文献

マルサス，T.，斉藤悦則訳（2013）『人口論』光文社（Thomas Robert Malthus（1798）*An Essay on the Principle of Population*）。

メドウズ，D.H. 他著，大来佐武郎監訳（1972）『成長の限界 ローマ・クラブ「人類の危機」レポート』ダイヤモンド社（D.H. Meadows, D. L. Meadows,　J. Randers and W.W. Behrens Ⅲ（1972）*The Limits of Growth: A report for THE CLUB OF ROME'S Project on the Predicament of Mankind*）。

24 生態系サービス

自然の恵みの湧水　（出所）筆者撮影

生態系サービスと島の人々

自然環境と人間との間には様々な関係性が存在する。国連は「ミレニアム生態系評価」という世界規模の総合的評価を2001年から2005年にかけて実施し，生態系サービスと人間の生活の豊かさ（human well-being）との関係性を明らかにした。生態系サービスとは自然環境が一定の規模と質を維持している状態で発揮する様々な機能であり，人間に有形無形の恩恵をもたらしている。ミレニアム生態系評価では，生態系サービスを①酸素供給や土壌形成，栄養塩の循環等々，他の生態系サービスを支える基本的な機能としての「基盤サービス」，②食糧，水，木材など資源の供給源としての「供給サービス」，③気候調整や防災，疾病制御など「調整サービス」，④審美的・精神的・教育的な機能やレクリエーション的機能など「文化サービス」，の４つに分類し，それらが安全・健康・豊かな生活・社会の絆など人間社会の福利厚生につながっていることを示した。

例えば，太平洋島嶼に代表的な自然環境であるサンゴ礁の生態系サービスには，①水産資源供給，②水質浄化や二酸化炭素吸収など環境調整，③沿岸保護（天然の防波堤），④景観，⑤レクリエーションサイト（観光資源），⑥教育・研究の場や，伝統文化・芸術など文化的な場，⑥生物多様性保全，などがあげられる（**写真 24-1**）。これらは島民の安全かつ安心な暮らしを守り，精神的な喜びと安定をもたらし，魚などを養って食糧を供給し，美しい景観を形成して人々を魅了し，島外からの多くの観光客を惹きつける。そして，島民や地域社会に様々な便益をもたらすのである。

写真 24-1　豊かなサンゴ礁に育まれる魚たち

（出所）筆者撮影

とりわけ環海性と隔絶性という地理的特性によって独特かつ貴重な自然環境を有している島嶼においては，生態系サービスがもたらす恩恵に見出される価値は大きい。同時に，島に住む人々の暮らしや経済は，海をはじめとする自然環境と密接に関わることで成立しているため，人々は生態系サービスの質や水準の変化に対して自ずと敏感になり，その源となる自然環境の保全が自分たちの生活や社会にとって最重要課題であると考えている。

生態系サービスの価値を知る

生態系サービスの源である自然や生物多様性を保全するには，それに関わる人々がその価値を知ることが重要となる。生態系や生物多様性の価値について考える際の観点や方法は多種多様であるが，ここでは環境経済学の分野でよく用いられる価値分類を紹介する（土屋・藤田，2009; 馬奈木他，2011）。生態系や生物多様性の価値は，私たち人間がそれを直接的・間接的に利用することによって生まれる「利用価値」と，利用しなくても見出される「非利用価値」に

図表 24-1 サンゴ礁の生態系サービスと価値分類

サンゴ礁の生態系サービス	ミレニアム生態系評価による分類	価値の分類
漁場（水産資源供給）	供給サービス	直接利用価値
水質浄化	調整サービス	間接利用価値
二酸化炭素吸収	調整サービス	間接利用価値
沿岸保護（消波）	調整サービス	間接利用価値
景　観	文化サービス	直接利用価値，間接利用価値，遺産価値
レクリエーション	文化サービス	間接利用価値
教育・研究・文化	文化サービス	間接利用価値，遺産価値
生物多様性保全	調整サービス	遺産価値，存在価値

（出所）土屋・藤田（2009），馬奈木他（2011），環境省自然環境局ウェブサイト等をもとに筆者作成

分類される。「利用価値」はさらに①直接利用価値，②間接利用価値，③オプション価値，に分けられる。①は，例えば水産物や木材など消費するための資源としての価値がこれにあたり，漁獲高や木材の市場価格といった形でその価値は評価される。②は，サンゴ礁を例にあげると，状態を維持したまま観光資源や文化資源として活用することの価値や，環境調整などミレニアム生態系評価で調整サービスに分類される機能が生み出す価値である。③は，①や②が現時点での利用を前提とするのに対し，将来の利用可能性に見出される価値をいう。一方，「非利用価値」は，評価する主体自身が利用しなくても認めている価値であり，④遺産（遺贈）価値，⑤存在価値，に分けられる。④は，現在世代は利用せず，将来世代のために残すことの価値である。ユネスコの世界遺産はこの価値を具現化したものと言える。⑤はその自然環境が一定の質と規模を維持しながら存在すること自体の価値である。ある生態系や生物多様性を保全すべきと考えたとき，存在価値を認めていると言える（**図表 24-1**）。

このように，ひとつの自然環境にも様々な価値があり，それぞれの価値の大きさを評価する様々な手法が，自然科学や社会科学の各分野において開発されている（その詳細は文末の参考文献に譲る）。生態系サービスや生物多様性が生み出すこれらの価値を適切に評価することによって，人々は自分たちの島にとっ

て守り育むべき価値は何か，そのためにはどのような方策をとるべきか，ということを考える科学的な根拠を得ることができる。

生態系サービスへの支払（Payment for Ecosystem Services: PES）

繰り返しになるが，人間は生態系サービスによって自然から多様な恩恵を受けている。しかし，一般的な市場取引はその恵みを与えてくれている自然に対して対価を支払う仕組みになっていない。例えば，水産物の価格には人件費や船の燃料代などの漁獲費用，流通費用，流通の各段階に携わる従事者の利益などが含まれるが，その魚を生み育ててくれた自然の働きに対する支払いは含まれない。また，サンゴ礁を活用したマリンレジャー（**写真 24-1**）の料金は，アクティビティやツアーの実施費用（人件費，交通費，器材費用等）に業者の利益を上乗せした金額であって，長い年月をかけてサンゴ礁景観を形成してきた自然に対する支払いは含まれない。一方，将来にわたってこれらの資源を利用し便益を得るために，その供給源である自然を維持するには費用がかかる。この環境費用を価格に上乗せする，あるいは寄付や課税の形で支払う仕組みが「生態系サービスへの支払（以下，PES）」であり，生物多様性条約締約国会議における最重要課題のひとつとされている。PES が適切に実行されれば，資源の供給源である地域の人々が生物多様性保全に取り組む財源を確保できると同時に，収入源を得ることによって積極的に生物多様性保全に取り組むインセンティブともなる。また，環境利用に費用がかかることにより，自然の濫用を抑えることにもつながる。ただし，生態系サービスの価格設定という難しい課題もある。通常の財やサービスの価格は需要と供給の関係で市場価格が決まるが，市場取引の対象ではない環境の価値を金額に置き換えるのは簡単ではない。環境経済学の分野では環境の経済的価値評価手法の開発や研究が進んでおり，この問題の解消に大きく貢献している。評価の具体例は環境省自然環境局ウェブサイト等を参考にされたい。

生態系サービスと島嶼経済

生態系サービスは自然と人間を繋ぐ機能である。そして私たちは，そこに様々な価値を見出すからこそ，その源泉としての自然を守る必要性を認識する。また，生態系サービスは自然環境や生物多様性が保全されて初めて機能する。逆に言えば，経済活動によって自然環境が損なわれれば，生態系サービスから得られていた便益を低下させることになる。

島嶼地域は陸域・海域とも豊かな自然環境に恵まれている一方，開発可能な土地が少なく，常に「開発か保全か」という選択に迫られる。自分たちの島の生態系サービスの価値を知り，それを維持・向上させることができる経済のあり方を考えることが，環境調和型島嶼経済の実現につながるのではないだろうか。

（藤田陽子）

主要参考文献

「価値ある自然　生態系と生物多様性の経済学――TEEB の紹介」 https://www.biodic.go.jp/biodiversity/about/library/files/TEEB_pamphlet.pdf（2021 年 6 月 1 日閲覧）

環境省自然環境局ウェブサイト「自然の恵みの価値を計る――生物多様性と生態系サービスの経済的価値の評価」 https://www.biodic.go.jp/biodiversity/activity/policy/valuation/index.html

土屋誠・藤田陽子（2009）『サンゴ礁のちむやみ――生態系サービスは維持されるか』東海大学出版会。

馬奈木俊介・地球環境戦略研究機関編（2011）『生物多様性の経済学――経済評価と制度分析』昭和堂。

25 ヘルシーアイランド（健康な島づくり）

太平洋島嶼国の研修生と皆で楽しめる体育についての模擬授業 （出所）筆者撮影

論点の概要

アジア・太平洋の島嶼において人々の健康づくりとはどのような視点をもって実践を取り組むべきか，研究を行うべきか，要点を解説する。WHO（世界保健機構）は1995年にフィジー国において第１回の太平洋島嶼国保健大会合を開き，ヘルシーアイランド（健康な島）の構想を打ち出した（Western Pacific Region, 2015）。フィジー国のヤコーバ島で開催されたことからヤコーバ宣言といわれている。一方アイランドヘルスはカナダのバンクーバーを中心に作られた保健医療サービスを行う機関の名前として知られている。琉球諸島は，太平洋亜熱帯に位置し，歴史，文化社会的にも，アジア太平洋の島々と類似した点も多いことからアイランドヘルスの活動よりも，ヘルシーアイランドの構想をよく理解することが必要といえるだろう。また逆に考えると沖縄の保健医療や健康づくりの歴史経験は，今後のヘルシーアイランド構想の実現に活かせるともいえるだろう。

太平洋地域に特有でかつ独自なもの

ヘルシーアイランドは，「ユートピア」「統一」「スピリチュアル」「自由」「知恵」「心」という言葉を使って表現されている。ヘルス（健康）とは，1947年に採択されたWHO憲章によれば「病気でないとか，弱っていないということではなく，肉体的にも，精神的にも，そして社会的にも，全てが満たされた状態」と定義されている。このことから考えるとヘルシーアイランドは，単に病気がないという状態の島ではなく，精神的・社会的な視点が大きいことが理解される。さらにこれらを超えた，太平洋の島が大切にしてきたスピリチュアルな幸福を求め，実現させ守っていくことにあるとも考えられる。単に精神疾患ではないという状態の精神的健康を示すものではなく，島々それぞれには，伝統的な文化風習があり，そこには独自のスピリチュアルな健康観があることを意味する。一方，その健康観は閉鎖的なものでなく，「太平洋地域が自由で，人と人とのつながりを大切にして生きる」という，自由な個人と集団の交流をも述べられている。閉鎖的に伝統を維持するという考え方とは一線をもっており，グローバリゼーションのなかで活発な交流をもちながら独自の伝統を重視しながら健康づくりを行っていくという考え方が含まれているといえるだろう。太平洋島嶼地域の健康を考える時に，それぞれの島の伝統的医療について無視はできない。スプリチュアルな健康を重視する上で，精神保健における関わりは特に重要と考えられる。沖縄においても伝統的治療師として「ノロ」「ユタ」が知られているが，「ノロ」は公式行事などを扱うのに対して「ユタ」は一般住民に近い存在で，精神疾患の治療者としての役割ももっている。精神保健に関わるものは，これらの伝統的治療師を保健医療サービスの提供者として積極的に認めることで，近代医療への住民のアクセスが増すことも報告されており，伝統医療と近代医療の両者の尊重が現在でも重要といえよう。

貧困と不平等による健康問題――生活習慣病の蔓延

肥満，高血圧，糖尿病といった生活習慣病は，太平洋島嶼の共通保健医療課題となっている。沖縄においても従来イモ類が主食となっていたが，ミクロネシア，メラネシア，ポリネシアにおいても伝統的食事はタロ芋やサツマ芋いった根菜類を主食に，魚介類とココヤシをバランスよくとることで必要な栄養素を充足させてきた（稲川他，2003）。これが，第二次世界大戦前後から急速に缶詰などの輸入食品を使用した欧米の食生活や，日本によって紹介されたといわれる米食もミクロネシアを中心に多くの太平洋島嶼国へ浸透していった。これらの食事の変化に合わせて，同じく輸入品のタバコやアルコール類の過剰な使用と，運動不足がリスク因子となり，生活習慣病が蔓延してしまい，第一の健康課題となっている。島嶼のもつ文化に伝統的食事も重要なひとつで，これが侵食された場合，容易に健康被害にもつながってしまっていることを理解しないとならない。

太平洋島嶼国では様々な面で開発の課題に直面している。地域全体の観光産業の推進による経済的発展は明らかであるが，全ての島や全ての人に富をもたらしたわけではない。貧困と不平等は増加しており，富の不均等な分配を示している。貧困は低栄養による栄養失調をもたらすだけでなく，単一の不健康な食事の摂取過多による生活習慣病をもたらすことは，貧困による肥満としてよく知られている。さらに，貧困によって基本的医療サービスへのアクセスが制限されている地域や人々，貧困層の思春期の非行と早期妊娠も各国共通した無視できない課題である。

地球温暖化は多面的に健康問題に影響を与えている。気候変動により昆虫媒介性疾患が再興するのはよく知られているが，蚊が媒介するデング熱は島嶼地域においても脅威となっている。さらに海水面の上昇による島民の生活圏への影響は，住民のメンタルヘルスの問題につながっていることも見逃せない。希望のみえない将来に対する不安が青少年のタバコやアルコールの使用だけでなく，覚せい剤等のドラッグの乱用につながり，精神的健康に大きな影響を与えている。

離島を抱えた僻地医療とヘルスプロモーションを基盤とした健康づくり

上述の太平洋島嶼における健康課題は，沖縄においても同様の課題をもち，その背景は極めて類似している。太平洋諸国も沖縄と同様に経済的発展が顕著である首都をもつ島だけでなく離島をかかえており，その医療サービスの格差改善は考えるべき課題である。これには戦後沖縄が行ってきた，保健医療人材の効率的有効的な派遣や定着のための方策とIoT技術を使用した遠隔医療の応用等の保健システムの改善策と課題は比較応用すべき点であろう。

伝統的文化の侵食による生活習慣病の蔓延は，残念ながら長寿の島沖縄にも大きな影響を与えた。沖縄県男性の平均寿命は2000年に全国47都道府県で26位に後退し26ショックと呼ばれた。これを受けて沖縄県は「健康おきなわ2010」という政策を策定した（桑江他，2006）。これは健康診断による早期発見と治療といった医療サービスだけでなく，沖縄県民が健康的習慣を自らが獲得していくように地方自治体が後押しをしていくヘルスプロモーションを基盤としたアプローチの推進である。現在WHOが推進している上述のヘルシーアイランドの構想の実施においても沖縄のこの経験は共有できる内容である。

貧困と健康の課題は沖縄において戦後から現在まで続いている課題であり，貧困層の早期妊娠率の高さや青少年の非行の低年齢化は，日本のなかで突出して問題となっている。一方，これらの課題に対する取り組みも成果が得られている例もある。例えば学校教育の強化によって沖縄での青少年の喫煙率の低下は顕著であり成功した一例であろう。早期妊娠においては，沖縄市が若年妊産婦に特化した支援センターを開設するなど日本では先駆的な取り組みが市町村レベルで展開されているなど経験を共有できる点は多い。

（小林　潤）

主要参考文献

桑江なおみ・下地実夫・金城絹子・伊礼壬紀夫・崎山八郎（2006）「沖縄県における平均寿命，年齢調整死亡率，年齢階級別死亡率の推移（1973-2002）」『沖縄県衛生環境研究所報』40，pp. 121-127。

緑川泰史，山内太郎，石森太知，大塚柳太郎（2003）「南太平洋島嶼民の食・栄養の

季節性とフードセキュリティ―ソロモン諸島の伝統的半農半漁村における漁獲高減少時の栄養充足」『民俗衛生』69(4)，pp. 132-142。
The first 20 years of the journey towards the vision of Healthy Island in the Pacific World Health Organization, Western Pacific Region 2015

第Ⅳ部

「向き合うこと」から始める

26 太平洋核実験

恩納村にあるメースB中距離ミサイル格納庫跡。1960年代の沖縄には，核弾頭やミサイルが米軍によって配備・貯蔵された。現在は創価学会沖縄研修道場となっている。（出所）筆者撮影

世界各国の実施回数と核実験の種類

1945年7月，アメリカ西部のアラマゴード砂漠で世界発の核実験がアメリカ陸軍管轄のマンハッタン計画において実施された。翌8月の核兵器実戦使用の唯一の例となる広島・長崎への原爆投下を経て，第二次世界大戦後の「東西」冷戦状況下で，軍事力の示威が外交カードとして機能する「核の抑止力」という考え方をもとにした核軍拡競争が激化していった。東西陣営の中心をなす米ソ両国がその保有数を競い合い，それに英・仏・中などが追随していった。

現在明らかになっている総核実験回数2,120回以上のうち「地下実験」が大半の3／4を占めているのは，1963年の「部分的核実験禁止条約」の発効に伴って「大気圏内（宇宙空間，水中含む）」の実験が禁止されたことの影響である。しかし，1996年に地下実験も含めて禁止する「包括的核実験禁止条約」

図表 26-1 核実験実施回数一覧（2021 年現在）

実施国	初実験時期	爆発を伴う実験		爆発を伴わない実験		合 計
		大気圏内実験（うち太平洋島嶼）	地下実験	臨界前実験	新性能実験	
アメリカ	1945 年	215（105）	815	30	12	1072
旧ソ連・ロシア	1949 年	219	496	19		734
イギリス	1952 年	21（21）	24	2		47
フランス	1960 年	50（46）	160（153）			210
中国	1964 年	23	22			45
インド	1974 年		3			3
パキスタン	1998 年		2			2
北朝鮮	2006 年		6			6
合 計		528（174）	1528（153）	48	12	2119

（出所）前田（1999），和田長久／原水爆禁止日本国民会議編（2011）『原子力・核問題ハンドブック』七つ森書館，およびピース・アルマナック刊行委員会編（2021）『ピース・アルマナック 2021 核兵器と戦争のない地球へ』緑風出版をもとに筆者作成

が成立（現在は未発効のまま）してからは，爆発を伴わない臨界前実験(1)や新性能実験(2)が現在でも継続されている（**図表 26-1**）。

太平洋島嶼地域における核実験

ここで注目すべき点は，1960 年代中ごろまで実際されてきた「大気圏内核実験」の実施場所である。ソ連や中国は広大な本土の周辺地域（ソ連は連邦を構成するカザフスタンのセミパラチンスク，中国はゴビ砂漠）で実施していた一方で，アメリカ，イギリス，フランスの 3 カ国は主に太平洋海域にて高い頻度で実施してきた。具体的にみていくと，アメリカが実施した 105 回の太平洋実験のうち 67 回は，現在のマーシャル諸島共和国の北西部に位置するビキニ環礁とエニウェトク環礁に集中している。イギリスが実施した 21 回の実験のうち 12 回はオーストラリア周辺の島嶼部（モンテベロ島）や大陸南部（マラリンガ）で実施されている。フランスが実施した 50 回の実験のうち 46 回はフランス領ポリネシアに位置する 2 つの環礁で実施された（**図表 26-2**）。

図表 26-2　太平洋海域の大気圏内核実験実施地域一覧

実施国	実施場所	回数	時期
アメリカ	ビキニ環礁	24	1946-58
	エニウェトク環礁	43	1948-58
	ジョンストン島	12	1958-62
	クリスマス島	24	1962 年
	クリスマス島沖	1	1962 年
	カリフォルニア沖	1	1962 年
イギリス	モンテベロ島	3	1952～56 年
	エミュー	2	1953 年
	マラリンガ	7	1956～57 年
	モールデン島	3	1957 年
	クリスマス島	6	1957～58 年
フランス	モルロワ環礁	41	1966～74 年
	ファンガタウファ環礁	5	1966～70 年

（出所）前田哲男（1999）をもとに筆者作成

マーシャル諸島の核被害

アメリカは，1945 年 8 月に太平洋戦争が終結しなかったならば小倉か新潟におとされていたはずの「3 発目」の原爆を使用した実験を 1946 年 7 月にビキニ環礁で実施した。ビキニ島の 186 人の住民は，実験前に近隣のロンゲリック環礁への移住を余儀なくされた。実験後のビキニ環礁における放射能汚染の影響から，ビキニ住民は帰島できないまま，環礁・島嶼間の転住（ロンゲラップでは食糧調達が難しく，唯一米軍基地施設のあるクワジェリン環礁で一時生活したのちに，さらに南のキリ島へ移住）を強いられることになった。

1954 年 3 月 1 日に再度ビキニ環礁で「ブラボー実験」が実施されたときは，近海で操業していた日本のマグロ漁船である第五福竜丸が被ばくし，船員の一人が約半年後に亡くなったことから，日本国内でも太平洋核実験への関心（およびそれに対する反発）が高まることとなった。一方，ビキニ環礁の東側に位置するロンゲラップ環礁やウトリック環礁の住民も実験にともなう放射性降下物（死の灰[3]）を浴びた。ロンゲラップ住民は一時別の島に避難し，1957 年に帰島したが，ロンゲラップ環礁内で採れた魚などを摂取すると，残留放射能の影響で体が痒くなったり甲状腺に異常がでたりするなど体調に異変を起こす住民が数多くいた。なかには出産障害もみられ，流産や生まれた子どもが身体的に成長しない事例も生じた。

一方，アメリカ政府は，67回実施分のうち唯一ブラボー実験のみが核被災をもたらしたことを認めたものの，1986年にマーシャル諸島共和国に1億5,000万ドル規模の「補償金」を支払うことで核問題を「完全決着」とした。

なお最近の調査では，日本や沖縄東部にも届く広範囲にわたって死の灰が降った可能性も指摘されている。

島嶼の視点から太平洋核実験を考える意義

そもそもなぜ，米英仏は太平洋島嶼地域での核実験実施が可能だったのだろうか。その淵源は19世紀末からの帝国主義時代に求めることができる。日本を含む西欧諸国がアジア，アフリカを植民地化していくなかで太平洋諸島も格好の「分割」対象となった。この時期にフランスがポリネシア地域を，イギリスがメラネシア地域を，ドイツが前述のマーシャル諸島を含むミクロネシア地域を勢力圏においた。その後第一次世界大戦をへてミクロネシアの施政権はドイツから日本へと「国際連盟委任統治領」というかたちで移行された。そして第二次世界大戦ではアメリカが日本から奪取し軍政統治に置いた。戦後，ミクロネシアは，アメリカを施政権者とする「国際連合信託統治領」となり，核実験場としての機能をもたせることを可能にする法的制度的基盤が整うことになった。

フランスの核実験は，もともとはアフリカのサハラ砂漠で実施していたがそれを可能にしていたのは北アフリカのアルジェリアがフランスの植民地だったからである。しかし1962年のアルジェリアの独立によって核実験場の代替地を検討する必要に迫られたフランスが目を付けたのが，フランス領ポリネシアの環礁であった。

このように太平洋核実験を支えたものは，19世紀末以来の西洋諸国による帝国主義政策を淵源とする植民地体制に他ならない。支配と被支配による不平等な関係性は，実際の核被災を過小評価し，その地に生きた人々の被害実態を不可視化させてしまうことにもつながるのである。

（池上大祐）

語句説明

（1）臨界前実験：核連鎖反応が生じる状態を「臨界」といい，それに達すると膨大なエネルギーを放出することになる。この実験はその核連鎖反応が起きる直前にとどめる方法である。

（2）新性能実験：圧縮された電気エネルギーをつかった保有する核兵器に使用されているプルトニウムの状態を確認する方法

（3）放射性降下物：核爆発にともなって，核分裂しなかった燃料の一部が大気中に含まれる中性子と融合することで，放射性物質へと転化した物質のこと。雨に混ざって地上に降り注ぐときには「黒い雨」と呼ぶこともある。

主要参考文献

梅林宏道監修，ピース・アルマナック刊行委員会編（2021）『ピース・アルマナック 2021　核兵器と戦争のない地球へ』緑風出版。

竹峰誠一郎（2016）『マーシャル諸島　終わりなき核被害を生きる』新泉社。

前田哲男（1999）「アメリカの太平洋核実験の歳月とその影響」佐藤幸男編『世界史のなかの太平洋』国際書院，pp. 231-264。

27 非核兵器地帯

沖縄県中頭郡西原町役場の駐車場近くにある「非核反戦平和都市宣言」の碑　(出所) 筆者撮影

「非核兵器地帯」とは何か

「非核兵器地帯」(Nuclear Weapon Free Zone) とは，主に①地帯内における核兵器の開発・製造・保有・配備の禁止，②地帯に対する核兵器の使用や使用の威嚇の禁止を目的とした広域的地域内での核廃絶に向けた実践的枠組みである。具体的には，1959 年の南極条約を皮切りに，中南米 (1967 年成立)，南太平洋 (1985 年)，東南アジア (1995 年)，アフリカ (1996 年)，中央アジア (2006 年) で非核兵器地帯条約が締結されている。

現在成立している非核兵器地帯条約のなかで，中央アジアは北半球唯一のものである。全ての核兵器保有国が存在する北半球において，非核兵器地帯を広げていくことが今後の課題となっている。中東非核兵器地帯，北極非核兵器地帯，南アジア非核兵器地帯，東・中央ヨーロッパ非核兵器地帯のほか，わたしたちの生活圏に直接関わる北東アジア非核兵器地帯といった様々な構想が国連総会や各種国際機関の提言のなかで立ち上げっているが，具体的に進捗していない状況である。

南太平洋非核地帯条約の内容

南太平洋では，1985年8月6日にオーストラリア（以下，豪），ニュージーランド（以下NZ），フィジー，クック諸島，キリバス，ニウエ，ツバル，サモアの8カ国が「南太平洋非核地帯条約」に署名した（発効は1986年）。クック諸島内の島で調印されたことから，その島名にちなんでラロトンガ条約ともいわれている。現在までに，ナウル，ソロモン諸島，パプア・ニューギニア，ヴァヌアツ，トンガも加わっているが，ミクロネシア地域に位置するパラオ共和国，ミクロネシア連邦，マーシャル諸島共和国はアメリカとの関係性が深いこともあって，未加盟のままである。

本条約の主な条文としては，核爆発装置の製造・取得・管理の放棄（第3条），核爆発装置の配置の防止（第5条），核爆発装置の実験の防止（第6条），放射性廃棄物や放射性物質の投棄の防止（第7条）がある。核爆発装置（つまりは核兵器）の放棄についてはほかの非核兵器地帯条約にも共通する内容であるが，核兵器以外の核物質も対象としているのは本条約のみであり，条約の名称も唯一，非核兵器地帯ではなく「非核地帯（Nuclear Free Zone）」となっている。

第5条の核兵器の配置（配備）をめぐっては，南太平洋フォーラムのなかで意見の対立がみられた。第5条2項では，各締約国は外国の艦船の寄港や外国艦船の自国領内の航行を許容するか否かを主権的権利の行使として決定する自由を有するとされている。本条文は，核艦船の域内自由航行が保障されることを望んでいたNZ，フィジーおよび豪が積極的に導入したもので，ここでいう「外国の艦船」への核兵器搭載の有無は問わないことが含意されていた。それに対し，ヴァヌアツ，ソロモン諸島は同条約の調印を拒否し，パプア・ニューギニアは調印したものの批准しなかった。理由は，核兵器の配備を核艦船の通過も含めて全面禁止にしないと非核化は骨抜になると考えていたからであった。1986年にフィジーのスヴァで開催された南太平洋フォーラム会議でも第5条が議論の中心となり，ヴァヌアツが核配備の完全禁止を主張したものの，完璧ではないにせよ条約の成立をまずは優先すべきという意見が地域内の大勢を占めたことで却下された。

さらに同条約には3つの「付属議定書」も用意された。「地域内に海外領土を有する国は，領土内での核爆発装置の製造，配置，実験を禁止する」とする「付属議定書1」に対しては英仏米に，「締約国は条約締結国と域内の領土に対して核爆発装置の使用または使用するとの威嚇をしてはならない」とする「付属議定書2」および「締約国は地域内において核実験をしないことを誓う」とする「付属議定書3」は，英仏米ソ中5大国に署名を要求した。これらは，いわゆる核保有国には当該地域に関わらせないという「消極的安全保障」の考え方を示している。

島嶼地域間の「連帯」という文脈

南太平洋非核地帯条約が成立した背景を考えるためには，1960年代半ばからの西洋諸国からの独立，1966年からのフランスによる南太平洋核実験への反対運動，1971年の南太平洋フォーラムの結成，1975年の非核太平洋会議の開催という太平洋島嶼地域が経験した歴史的展開を押さえる必要がある。

19世紀末に成立した西洋帝国主義が，1940年代後半のアジア，1960年前後のアフリカにおける脱植民地化運動によって揺らぎ始めていたなかで，1960年代後半からは太平洋海域の島嶼地域にもその機運が波及していた。その機運を「後押し」していたのが，同時期にフランスが仏領ポリネシア内のモルロワ環礁で実施した核実験であった。モルロワ環礁に隣接するサモアやクック諸島の政治家たちは，大気・水質汚染を懸念して核実験への反対の意思を表明するなかで，自らの国家の「小ささ」をあえて自覚的に捉え，その小さき島が多く集まれば，「大きな声」になる，という主旨の発言を行ってきた。

ここに南太平洋島嶼国どうしの「連帯」が模索されていき，1971年にフィジー，トンガ，西サモア，クック諸島，ナウル，豪，NZが結集して南太平洋フォーラムが結成され，その会議の場でも仏核実験への抗議声明が採択された。1975年には南太平洋フォーラムが太平洋教会会議(1)と共同してフィジーのスヴァで第1回非核太平洋会議が開催された。そこで採択された「非核太平洋人民憲章」には，「我々は，核大国の人種主義的根源を強調し，太平洋の先住民に対する抑圧，搾取，隷属の即時停止を要求する」との文言がある。ここにみられる反核運動を伴った脱植民地化への希求は，単に一島嶼国の独立や自立を個々に求める論理ではなく，太平洋島嶼諸国全体の共有財産としての平和と独立を訴えるものであると強調する研究もある。このことから，南太平洋非核地帯条約の成立は，島嶼地域社会が抱える課題は何かを考えるための重要な事例となる。

南太平洋非核地帯条約の成果をどう評価するか

ここで考えるべきポイントは，南太平洋非核地帯条約の成立を核廃絶運動の文脈においたとき，どのように評価されるのか，という点にある。先行研究における評価としては，前述した第5条に外国艦船の寄港の際に核兵器を搭載しているかどうかは問わないという「抜け道」がある以上，完全非核化から後退した結果となったとし，その限界性を強調するもの。それとは逆に，そうした限界性を認めつつも，島嶼諸国家が連帯して大国による核の論理に挑戦したという意味で核廃絶に向けた大きな前進となったとするものがある。このように，ひとつの事実関係を丹念に明らかにすることと同時に，その意味をどのように解釈するかが，学問の営みとして重要な要素となる。

（池上大祐）

語句説明

（1）太平洋教会会議：1966年に発足した，キリスト教宗派間の連携を目指す会議。当初はプロテスタント諸派の連合であったが，のちにカトリック教会の南太平洋司教会議も本会議メンバーに加わることとなり，神学上の違いを超えた連帯の一例となった。

主要参考文献

池上大祐（2019）「太平洋島嶼地域における「連帯」の系譜――南太平洋非地帯構想を中心として」池上大祐・杉村泰彦・藤田陽子・本村真編『島嶼地域科学という挑戦』ボーダーインク。
梅林宏道（2011）『非核兵器地帯――核なき世界への道筋』岩波書店。
黒沢満（1986）「南太平洋非核地帯条約の法構造」『法政理論』18号4巻。

28 南西防衛

航空自衛隊宮古島分屯航基地から見おろす集落 （出所）筆者撮影

対中抑止論の台頭

南西防衛とは，民主党政権下の2010年に「防衛計画の大綱」（通称「防衛大綱」）で打ち出された構想で，尖閣諸島をめぐる日中間の対立が高まったのを背景に，「自衛隊配備の空白地域」である九州から沖縄にかけての南西諸島への配備を進めようとする。

2013年の防衛大綱に引き継がれ，2016年3月から与那国島（沖縄県）に約160人の陸上自衛隊沿岸監視隊が駐屯。2019年3月から奄美大島（鹿児島県）に約550人，2020年4月から宮古島（沖縄県）に約700人の陸自警備部隊・地対艦空ミサイル部隊が駐屯する。石垣島（沖縄県）に奄美・宮古と同じ陸上自衛隊の部隊約500～600人を駐屯させる計画も進んでいる。さらに，無人島の馬毛島（鹿児島県）に自衛隊基地を建設し米空母艦載機の離着陸訓練で使用する計画も進行中だ。

南西防衛は，軍隊が駐屯していない「力の空白」地帯は敵の侵入を許しやすいという，古典的な安全保障の考え方に基く。軍事的な対抗によって敵に自国への攻撃を思いとどまらせる「抑止」には，大きく分けて二つの方法がある。ひとつは，敵に目的を達成させない程度に抵抗できる軍事力をもつ「拒否的抑止」。もうひとつは，敵を完膚なきまでにたたきのめす軍事力をもって攻撃の意志をくじく「懲罰的抑止」だ。陸上自衛隊の南西配備は前者にあたる。

3つの問題点

南西防衛には3つの問題がある。第一に，抑止力を高めることはかえって他国との緊張ひいては偶発的な戦争の可能性を高める。世界最大の軍事力をもつアメリカでさえ，抑止と外交を対として中国や朝鮮民主主義人民共和国（北朝鮮）との偶発戦争の回避に努めている。他方，日本政府は抑止の必要性ばかり強調している。

第二に，南西諸島の住民を有事に保護する仕組みが欠落している。2004年に成立・施行された国民保護法では，有事に国民を避難させるのは自治体の役割だが，海に囲まれた小さな自治体にその能力や手段があるのか。専門家の試算によれば，宮古・八重山諸島の住民と観光客を民間航空機・船舶で避難させるには約3週間かかるという。予測不能な有事に，事前にそれだけの余裕をもって民間人が避難することは可能なのか。

実際に各自治体が作成する国民保護計画では，自衛隊の避難誘導や救援が期待されている。だが，有事の自衛隊の役割はまずは外敵への対応であり，住民避難への協力は余力があればということになっている。

さらに，政府が自治体向けに公開する国民保護計画モデルは総務省消防庁が策定しており，自然災害への対応がベースだ。しかし，弾道ミサイルやテロリストによる攻撃のように避難する間もない場合はどうするのか。石垣島の国民保護計画では屋内への避難が想定されており，コンクリート製の頑丈な建物や建物の地下への避難が推奨されているが，条件に見合う建物がどれほど存在するのか，住民全員が逃げ込めるほどの数とスペースは確保されているのかなどの問題がある。

第三に，南西防衛の名目で進む日米の軍事的一体化の問題がある。中国との空と海の戦いで優位に立てなくなったアメリカは2017年以降，米中の全面戦争を回避しながら，中国が尖閣など同盟国の領土を占領するのを阻止するため，中国周辺の軍事的拠点を先取する有事の作戦を採用している。また，中国のミサイルを避けるために在沖米軍の訓練を九州などへ分散させている。尖閣有事や台湾有事には沖縄が軍事的拠点となるため，沖縄に兵力が集中すると狙われるという発想だ。

同時に，在日米軍は台湾有事が米中戦争に発展したとき日本がアメリカと一緒に戦えるよう，日米共同訓練を重視している。自衛隊基地の共同使用も進む。国民の多くは自衛隊の国境防衛は支持しても，米中戦争に自衛隊が参加し南西諸島が戦場となることには理解が及んでいない。だが，地元住民が危惧するのはまさに後者だ。

島嶼の住民の強い不信感

宮古島に陸上自衛隊の駐屯地を建設する際，防衛省は住民に対して駐屯地に持ち込む火器は「小銃弾や発煙筒など」と伝えたが，実は中距離多目的誘導弾や81ミリ迫撃砲弾といった威力の大きな砲弾を持ち込む計画だったことが，2019年4月に東京新聞の特報で発覚。自衛隊配備に賛成する住民も反発した結果，搬入済みの迫撃砲弾などは撤去された。

現在，宮古島で弾薬庫を建設中（2020年3月までに完成予定だったが，現在裁判で係争中の一部の土地取得ができておらず一棟が未完成）だが，陸上自衛隊の駐屯地から約10km離れている。駐屯地が島の中心部にあるため，弾薬庫は民家の少ない地区に造ることで地元と折り合いをつけた。また，奄美大島や宮古島では，住民に配慮してミサイルの実弾砲撃訓練を行えないので動作訓練のみだ。実弾を使った訓練は米本土まで行かなければできない。

他方，2021年1月に発足したアメリカのバイデン政権は対中抑止における日本の協力を期待しており，攻撃を受ける前に敵の拠点をたたく「敵基地攻撃能力」の検討や，中距離ミサイルの配備などを進めてほしいと考えている。

日本のメディアや識者にも，バイデン政権発足を日米同盟強化の機会と考える声がある。2021年4月17日に行われた日米首脳会談に向けて，日本経済新聞コメンテーターの秋田浩之氏は同年3月9日のツイートで，「ホワイトハウスは対中戦略を日本がどう考え，何をしてくれるのか，聞きたいと思っています。日本の考えと具体策をバイデン氏にインプットする好機に」とつぶやいた。外交史家の北岡伸一氏と森聡氏も『中央公論』4月号で「敵基地攻撃能力」にかわる「反撃力」を提唱し，日本が対中ミサイルの開発と導入を積極的に進めていくべきだと主張した。

こうした日米双方の議論と現実の間にはギャップがある。住民保護の仕組みが欠落した南西防衛が陸上自衛隊配備先で住民の不信を招いている現状で，国内で積極的なミサイル配備や開発・導入を進めていくのは難しいのではないか。

過疎化対策の衣をまとう南西防衛

南西防衛の対象となっている九州・沖縄の島嶼は人口減少と高齢化，それに伴う自治体の財源・人員不足などの問題を抱えており，その解決手段として自衛隊配備を受け入れてきた。

例えば，基地の「迷惑料」である防衛施設周辺対策事業。地元の消防施設や公園，児童館や公民館，道路，運動場や体育館，水道，ごみ処理施設などの整備を助成する。また，基地建設や施設整備のための公共事業の受注，自衛隊員とその家族の住民税と消費活動など，様々な経済効果も期待される。

実際には，自衛隊は「金のなる木」ではない。防衛予算に占める基地関係経費は漸減傾向にある。公共事業も，地元の建設業ではなく大手ゼネコンに利益が還元される仕組みになっている。また，僻地に配属される自衛隊員は，「引っ越し代がかさむ」「近くに学校がない」などの理由から，家族を伴わない単身赴任が多く出費は限定的だ。

しかし，防衛省は与那国島，宮古島，石垣島などの住民説明会で，自衛隊駐屯の経済効果をあおってきた。防衛省が地域振興の名目で南西防衛を進めることで論点がみえづらくなっており，南西防衛の議論を複雑にしている。

（山本章子）

主要参考文献

佐道明広（2014）『沖縄現代政治史　「自立」をめぐる攻防』吉田書店。
武田康裕編著（2020）『論究　日本の危機管理体制　国民保護と防災をめぐる葛藤』芙蓉書房出版。
中林啓修「南西諸島での国民保護が問いかけてくるもの――安全保障政策で「何」を守るのか」『シノドス』2020 年 6 月 18 日掲載。

29 基地公害

2020年4月10日に普天間飛行場で起きた，泡消火剤流出事故の様子。同写真は，在沖海兵隊が琉球新報社に開示した事故報告書に添付されていたもの。
（出所）琉球新報社提供

基地公害とは何か

基地公害とは，軍事基地を起因として周辺地域に生じる公害を指す。基地公害という言葉は，1960年代より日本本土での公害問題を通して生起した公害反対運動を通して公害問題が広く認識された1970年代に，技術者で環境アクティヴィストの宇井純や，人権活動家の福地曠昭らによって，琉球列島／沖縄に第二次世界大戦後駐留する米軍基地を起因として生じていた公害問題を対象に使用されたことを端緒とする。

基地公害は米軍基地を起因とする爆音，井戸水汚染，墜落事故，化学・生物・放射性物質を含む兵器被害，危険物落下および流弾，原子力潜水艦入港による海洋汚染，電波障害などが周辺住民に与える公害を指す。基地公害という名称は，現在においては基地環境汚染とも呼ばれながら，解決されがたい問題として存在している。

多様な基地公害の発見

基地公害の事例は上記のように多様に存在するが，例えば以下のような具体的な環境汚染が生じてきた。

ガス漏れ事故　1973年1月，嘉手納弾薬庫地区で，暴徒鎮圧用の催涙ガス（CS-1）の中和作業を行っていたが，これが外部に漏出し近隣の中学校や高校，周辺5集落で体の以上を訴える人々が続出した，ガス漏れ事故が発生した。

赤土[1]による水源汚染　1972年，恩納村瀬良垣，太田，屋富祖の各集落では，キャンプハンセン基地内の山間の流水を下流で貯水し，簡易水道の水源地として利用し，その水源地から濾過タンクに送水して浄化したのち飲料水として供給していたが，赤土汚染がひどく，飲料用水に供されない状況であった。この水源地の約600m上方には米軍の不発弾処理場があり，一週間に3・4日の割合で廃弾処理をしており，そのたびに付近の土砂が相当高く吹き飛ばされ表面に落ちているため，降雨時に洗い流されて水源地を汚染していた。

飛行機による爆音公害　嘉手納飛行場，読谷飛行場及び普天間飛行場周辺の村落と学校が，米軍の飛行機による爆音被害を受けている。騒音公害は施政権返還後により詳細に調査される。そのなかでは(1)人体の機能障害（騒音性難聴，爆音ストレス，不眠によるノイローゼ，高血圧症の多発など，(2)日常生活の支障（家族間の会話不能，電話による会話不能，議会審議不能，テレビラジオの視聴不能，病気療養者に特に影響大），(3)児童の教育環境の破壊などが生じていた。

河川・地下水・水道の基地などからの廃棄物，廃油，排水による海洋汚染　米軍演習は，住民の水源地も破壊し汚染してきた。米軍払い下げの除草剤PCP（Pentachlorophenol）による南部上水道組合の水源汚染，嘉手納町の井戸水へのジェット燃料廃油流出および燃料パイプ破損による下水口・排水溝での発火と広域汚染，伊平屋村字我喜屋での井戸水へのヒ素流出による住民の死亡，うるま市（旧具志川市）天願でのテトラエチール鉛の廃棄，那覇―嘉手納間をつなぐ比謝川の生活排水とABS剤（航空機洗浄剤）による水質汚染，金武町（旧金武村）でのキャンプ・ハンセンからの億首川汚染などがあった。

近年の化学部質による水源汚染　2016年，北谷浄水場の取水水源から高濃度の有機フッ素化合物（PFAS）(2)が検出された。有機フッ素化合物は水と交わらない特性により，洗剤や耐水性の塗料や素材として，1960年代から世界中で使用されるようになる。しかしその特性がゆえに，生態系において分解されず蓄積する。また人体内部にも蓄積し，様々な疾患の原因物質になることが明らかになっている。沖縄県は周辺地域を調査した後，汚染源が嘉手納基地である可能性が高いことを突き止め，嘉手納基地への立入調査を求めたが米軍側は調査に応じていない（2020年現在）。加えて2020年4月，普天間基地からPFASを含んだ消火剤が米軍員のバーベキューによる不注意で，基地内と周辺地域に大量に漏出する事故が起きた。

基地問題のなかの基地公害問題

基地問題は大きく4つに分けられる。①自然・農林漁業・生活環境の破壊ならびに各種被害，②基本的人権の侵害および各種犯罪，③基地の存在および軍用車，軍人などの私有車両，基地出入の営業車などによる交通問題の発生と激化，道路遮断，道路破損など，④自治体・住民の都市計画の阻害と土地問題の発生・激化，基地と各種特権の付与による自治体の行財政権の侵害と財政問題の発展と展開など，である。この類型において，おおむね①を構成するのが基地公害である。

基地公害は他方で，②の基本的人権の侵害や，③の交通問題としても，④の土地問題とも絡まりながら生起するという点で，複合的であり，具体的事例によって様々である。にもかかわらず，基地公害には中央政府の安全保障行政と国家間交渉というレベルの問題が絡み合っている。そのため，日米地位協定レベルの地位協定運用の改定が成されることで解決の道が広がる可能性がある。しかしながら，国家レベルでの公害問題の解決は時間がかかると同時に，地位協定の実際の運用機関である日米合同委員会の合意事項は基本的に機密事項となり，国民に公開されない。これが，基地周辺住民が被る基地公害の解決を長引かせる要因になっている。

なぜこのような構造が存在しているのか。理由としては，国家安全保障政策が，情報の秘匿性から公共性を問われない聖域として，自明のものとして少なくとも戦後日本においては存在してきたからである。このような安全保障・軍事システムに対し，環境行政による環境制御システムがより深く接合され，基地公害をなくすための政策形成が課題として残る。他方で，地域の環境アクティヴィズムが，日米地位協定によって不可視化されている問題を，情報公開法や科学的手法を用いて明らかにしていることも注目されたい。

基地公害がもたらす島嶼地域への影響

戦後琉球列島／沖縄における基地公害問題は，地域社会に大きな問題として横たわってきた。小さな島嶼である琉球列島／沖縄は，環境汚染が地域住民に与えるインパクトが大陸よりも甚大である。米軍統治時代から基地から周辺地域に排出される汚染物質などは，施政権返還後の日米地位協定においても，具体的な汚染状況を客観的に測定し，処理する法的枠組みが十分であるとは言えない。近年日本でも社会問題化したPFAS汚染は，この事実を端的に示している。地位協定の運用における国内環境法の厳格な適用，地域行政の基地公害に対する知識の普及，地域住民への学習機会の拡充など，島嶼地域と基地公害に関わる課題は山積みである。

（森　啓輔）

語句説明

（1）赤土：南西諸島でみられる赤茶色の土（国頭マージ，島尻マージ）や灰色の土（ジャーガルやクチャ）などを指す。赤土が公共工事や開発などにより河川などから周辺海域へ流出することで，珊瑚礁などの自然環境や，水産業，観光業にも悪影響を与えてきたため，沖縄県では基地公害にとどまらない公害問題として注目されてきた。

（2）PFAS：2000年代より，世界的な生産や使用の規制が開始されており，日本政府ものうちPFOAやPFOSを規制対象としたが，軍事基地内部の使用に関しては国内法とは異なる扱いになるため，規制が徹底されていない。またPFASの下部カテゴリーの化合物は無数にあるため，それらの環境法による規制についてもまだ課題は多い。

主要参考文献

朝井志歩（2020）「環境制御システムと軍事システム――米軍基地への環境規制からみた介入の深化の限界」茅野恒秀・湯浅陽一編著『環境問題の社会学――環境制御システムの理論と応用』東信堂。

佐藤昌一郎（1981）『地方自治体と軍事基地』新日本出版社。

林公則（2011）『軍事環境問題の政治経済学』日本経済評論社。

30 トラウマと PTSD

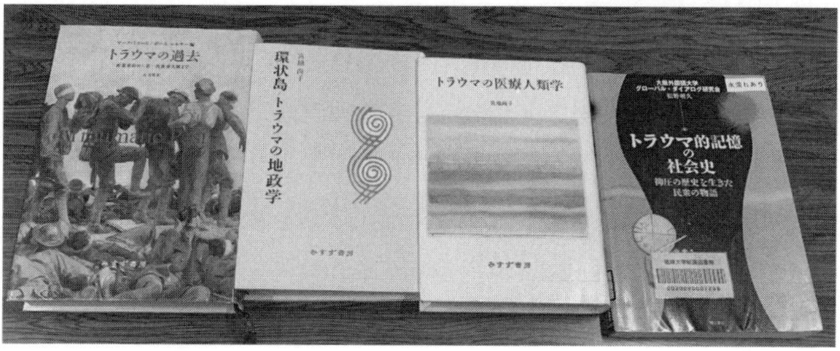

トラウマについて分析した文献例。トラウマ研究は心理学のみならず，様々な分野の観点から学際的に研究が進められている。（出所）編者（池上大祐）撮影

トラウマと PTSD

トラウマ（trauma）は，心的外傷と定義される。すなわち，心の傷を指す。トラウマという言葉は，もともとは身体的外傷を指す言葉だった。身体的外傷と対比させる形でサイコロジカルトラウマ（psychological trauma）という言葉が心的外傷を指す言葉として用いられるようになった。その後，トラウマという言葉単独で心的外傷を意味する用法が広まった。

アメリカ精神医学会（American Psychiatric Association）の DSM-5（Diagnostic and Statistical Manual of Mental Disorder, 5th Edition）によるトラウマ体験の診断基準は，「実際にまたは危うく死ぬ，重傷を負う，性的暴力を受ける出来事への，次のいずれかひとつ（またはそれ以上）の形による曝露」を指す。①心的外傷的出来事を直接体験する。②他人に起こった出来事を直に目撃する。③近親者または親しい友人に起こった心的外傷的出来事を耳にする。家族または友人が実際に死んだ出来事または危うく死にそうになった出来事の場合，それは暴力的なものまたは偶発的なものでなくてはならない。④心的外傷的出来事の強い不快感をいだく細部に，繰り返しまたは極端に曝露される体験をする（例えば，

遺体を収集する緊急対応要員）。これは仕事に関連するものでない限り，電子媒体，テレビ，映像，または写真による曝露には適用されない。なお，日本における精神疾患は世界保健機関（World Health Organization）の ICD-11（The International Classification of Disease, 11th Edition）の診断基準によって診断を行うが，実際的には DSM-5 の診断基準が広く用いられている（宮地，2013 参照）。

PTSD（posttraumatic stress disorder，心的外傷後ストレス障害）は，トラウマ体験による恐怖や苦痛などのストレス症状が 1 カ月以上持続し生活に支障がある場合を指す。多くの人はトラウマを経験してもレジリエンスによって生活に支障がない状態に戻ることができる。例えば，津波を被災した際に重度の恐怖や苦痛を感じたとしても，その恐怖や苦痛を乗り越えて生活を送ることができるような場合は PTSD と診断されない。一方，津波を被災してから 1 カ月以上が経過しても，恐怖や苦痛などのストレス症状が持続し生活に支障がある場合は PTSD と診断される。PTSD の発症には他の医学的障害と同様に，生物学的な脆弱性と環境的なダメージの相互作用が関わっている。

PTSD の診断基準（DSM-5）

PTSD の診断基準は次のとおりである（cf., American Psychiatric Association, 2013; Markowitz, 2017）。

侵入症状（intrusion symptoms） 心的外傷的出来事の後に始まる，その心的外傷的出来事に関連した，次のいずれかのひとつ（またはそれ以上）の侵入症状の存在。①心的外傷的出来事の反復的，不随意的，および侵入的で苦痛な記憶。②夢の内容と感情またはそのいずれかが心的外傷的出来事に関連している，反復的で苦痛な夢。③心的外傷的出来事が再び起こっているように感じる，またはそのように行動する解離症状（例えばフラッシュバック）。④心的外傷的出来事の側面を象徴するまたはそれに類似する，内的または外的なきっかけに曝露された際の強烈なまたは遷延する心理的苦痛。⑤心的外傷的出来事の側面を象徴するまたはそれに類似する，内的または外的なきっかけに対する顕著な生理学的反応。

回避（avoidance）　心的外傷的出来事に関連する刺激の持続的回避。心的外傷的出来事の後に始まり，次のいずれかひとつまたは両方で示される。①心的外傷的出来事についての，または密接に関連する苦痛な記憶，思考，または感情の回避，または回避しようとする努力。②心的外傷的出来事についての，または密接に関連する苦痛な記憶，思考，または感情を呼び起こすことに結びつくものの回避，または回避しようとする努力。

認知と気分の陰性の変化（negative alterations in cognitions and mood）　心的外傷的出来事に関連した認知と気分の陰性の変化，心的外傷的出来事の後に発現または悪化し，次のいずれかの二つ（またはそれ以上）で示される。①心的外傷的出来事の重要な側面の想起不能。②自分自身や他者，世界に対する持続的で過剰に否定的な信念や予想（例えば「誰も信用できない」）。③自分自身や他者への非難につながる，心的外傷的出来事の原因や結果についての持続的でゆがんだ認識。④持続的な陰性の感情状態（例えば，恐怖，怒り，罪悪感）。⑤重要な活動への関心または参加の著しい減退。⑥他者から孤立している，または疎遠になっている感覚。⑦陽性の情動を体験することが持続的にできないこと（例えば，幸福や満足，愛情を感じることができない）。

覚醒度と反応性の変化（alterations in arousal and reactivity）　心的外傷的出来事と関連した，覚醒度と反応性の著しい変化。心的外傷的出来事の後に発現または悪化し，以下のいずれか二つ（またはそれ以上）で示される。①人や物に対する言語的または身体的な攻撃性で通常示される，（ほとんど挑発なしでの）いらだたしさと激しい怒り。②無謀なまたは自己破壊的な行動。③過度の警戒心。④過剰な驚愕反応。⑤集中困難。⑥睡眠障害（例えば，入眠や睡眠維持の困難，または浅い眠り）。

島嶼とトラウマおよびPTSD

島嶼とトラウマおよびPTSDは，地理的特性による自然災害や戦争の観点から関連があると言える。島嶼は周囲を海に囲まれているため，台風や津波などの自然災害の被害を受けやすい特徴がある。2004年のスマトラ島沖地震災害ではインドネシアやスリランカなどの島嶼において甚大な被害があり，被災者のPTSD発症の報告がある。また，島嶼は国土の先端である場合には防衛拠点となることがあり，戦場となることがある。戦場となった場合には軍隊が戦闘を行うため当該の島嶼部において兵士や住民がトラウマを経験しPTSDにつながることに加えて，戦場から避難した住民が避難先でトラウマを経験しPTSDにつながることもある。第二次世界大戦後67年となる2012年に実施された沖縄戦体験者を対象とした調査では，41.2％がPTSDハイリスク者であると報告されている。

トラウマおよびPTSD研究の変遷

トラウマおよびPTSD研究の変遷は次のとおりである（宮地，2013参照）。PTSDはアメリカにおいてベトナム戦争帰還兵の研究をもとに1980年よりひとつの疾患概念として認知されるようになった。日本では1995年の阪神・淡路大震災の際にメディアで取り上げられるようになった。医学的には，19世紀後半から鉄道事故の後遺症としてエリクセン（John Erichsen）により「鉄道脊髄症」と記述されて以来，フロイト（Sigmund Freud），ジャネ（Pierre Janet），リヴァーズ（William Rivers）などがトラウマに注目して記述を行っていた。また，アメリカの南北戦争時の「ダ・コスタ症候群」，シャルコー（Jean-Martin Charcot）の「外傷ヒステリー」，オッペンハイム（Hermann Oppenheim）の「外傷神経症」，クレペリン（Emil Kraepelin）の「驚愕神経症」などもPTSDのもととなる疾患概念とされている。二つの世界大戦が兵士にもたらした精神的影響についてはマイヤーズ（Charles Myers）の「シェル・ショック」，カーディナー（Abram Kardiner）の「戦争神経症」として記述された。1970年代にはレイプ被害を受けた女性が示しやすい症状をまとめた「レイプ・トラウマ症候群」などの概念も提出された。PTSDはこれらを包括し，共通した症状を捉えられるように概念化された。

（淡野将太）

主要参考文献

宮地尚子（2013）『トラウマ』岩波新書。

American Psychiatric Association (2013). *Diagnostic and Statistical Manual of Mental Disorders, 5th Edition.* Washington.

Markowitz, J. C. (2017). *Interpersonal Psychotherapy for Posttraumatic Stress Disorder.* Oxford University Press（マーコウィッツ，J. C.（水島広子監訳，中森拓也訳）（2019）『PTSDのための対人関係療法』創元社）.

31 PTSDと戦争

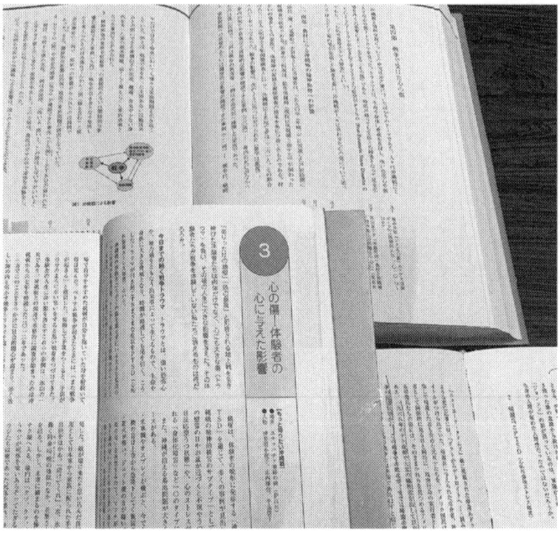

沖縄戦やベトナム戦争を経験した兵士のPTSDを取り上げている文献例　(出所) 編者 (池上大祐) 撮影

PTSDと戦争の関連

「30 トラウマとPTSD」にあるように，PTSD (posttraumatic stress disorder, 心的外傷後ストレス障害) は，トラウマ (trauma) を体験し，そのトラウマ体験による恐怖や苦痛などのストレス症状が1カ月以上持続し生活に支障がある場合を指す。恐怖や苦痛などのストレス症状によって生活に支障がある場合でも，その症状の継続期間が1カ月未満の場合は急性ストレス障害 (acute stress disorder) 等の症状として区別されることが多い。

PTSDはアメリカにおいてベトナム戦争帰還兵の研究をもとに1980年よりひとつの疾患概念として認知されるようになった。アメリカにおける調査研究では，アメリカの総人口におけるPTSDの発症率は3.5%と報告されている。また，軍関係者などはリスクが高く，中東における戦争の帰還兵ではPTSDの発症率は14%と報告されている。日本ではPTSDの生涯有病率は1.3%と報告されている。なお，戦争による軍人や住民の疲労，頭痛，睡眠障害，忘れやすさ，集中困難，化学兵器への曝露による後遺症，PTSDなどの種々の症状を戦争症候群（war syndrome）として括る研究もある。

PTSDと戦争の事例

Markowitz（2017）は，イラク戦争を経験したアメリカ軍の元兵士の症例を紹介している。元兵士はイラクで装甲車が手製爆弾（improvised explosive device）の攻撃を受け，自身の傷害は軽微だったが同僚などの死を目の当たりにした。元兵士は帰還後，アメリカで自動車の運転中に起きるフラッシュバックや自身が人々を殺害したり自身が死にかけたりする戦闘の悪夢をみることを報告した。また，生活を現実感を欠いたものに感じるとともに，麻痺，解離，恐怖を感じていた。加えて，家族を含む他者に怯えた。元兵士はPTSDとともにパーソナリティ障害の診断基準に該当した。なお，Markowitz（2017）は，対人関係において社会的つながりを見出し自身の制御感を獲得する対人関係療法（interpersonal psychotherapy）を適用して元兵士のPTSDの治療を行った。

島嶼におけるPTSDと戦争

島嶼におけるトラウマおよびPTSDは，地理的特性による戦争によって関連があると言える。島嶼は国土の先端である場合には防衛拠点となることがあり，戦場となることがある。戦場となった場合には軍隊が戦闘を行うため当該の島嶼部において兵士や住民がトラウマを経験しPTSDにつながることがあることに加えて，戦場から避難した住民が避難先でトラウマを経験しPTSDにつながることもある。

當山・高原・大城・田場・蟻塚・仲本・大宜見（2013）は，第二次世界大戦後67年となる2012年に，沖縄戦で戦闘が行われた沖縄本島とその周辺離島村を含む町村に在住する沖縄戦体験者を対象に精神保健，特に戦争トラウマの状況に関する調査を行った。この研究は，沖縄戦の特徴を要約し，3カ月以上の長期に及ぶ激しい地上戦，現地自給の総動員作戦，軍民混在の戦場，軍人を上回る住民の犠牲，米軍占領の長期化を特徴として指摘した。そして，沖縄戦体験者の精神保健に関する調査を行なった。その結果，調査対象者である75歳以上の沖縄戦体験者の41.2%がPTSDハイリスク者であることを報告している。ただし，対象者の精神的健康状態は良好だった。その理由として，沖縄戦体験者はレジリエンスがあり，沖縄には「ユイ」という相互扶助の精神があり，地域の共同体との繋がりがあったためと考察している。

PTSDの治療と予防

PTSDの治療法は，投薬を行う薬物療法と主に心理療法（精神療法）を行う非薬物療法に大別できる。薬物療法では，選択的セロトニン再取り込み阻害薬（selective serotonin reuptake inhibitors: SSRI）などの抗うつ薬を処方する方法が主に用いられている。非薬物療法では，心理療法の認知行動療法（cognitive behavioral therapy）を用いることが多い。認知行動療法には持続エクスポージャー療法（prolonged exposure therapy），認知処理療法（cognitive processing therapy），眼球運動脱感作療法（eye-movement desensitization and reprocessing）などがある。持続エクスポージャー療法は，トラウマに向き合い，回避している記憶や恐怖と向き合うとともに慣れることで，トラウマに曝露しても危険や恐怖がないことを体感し回復することを目的とする療法である。認知処理療法は，トラウマを理解し整理することで回復することを目的とする療法である。眼球運動脱感作療法（eye-movement desensitization and reprocessing）は，セラピストの指の動きを目で追うことで眼球運動をしながらトラウマ体験を想起し，回復することを目的とする療法である。眼球運動がストレス症状を解除する脱感作に役立つという考えとエクスポージャーとしてのトラウマ体験の想起が役立つという考えがある。いずれにおいても，副作用として，トラウマを思い出すことによって一時的に不安等が強まる場合がある。そのため，医療機関や専門のセラピストの指導の元に行うことが求められる。また，認知行動療法以外では，上述した対人関係療法もある。

PTSDに対するサポートは，医療機関，研究機関，行政機関などがサポートを提供している。例えば，アメリカでは，軍関係者のPTSD発症率が高いこともあり，アメリカ軍が豊富なサポートを提供している。また，日本では，厚生労働省が心の健康，病気，支援，サービスに関するウェブサイトとして「みんなのメンタルヘルス総合サイト」を提供している。加えて，地域の医療機関もウェブサイト等で個別に情報を提供している。

予防の観点も重要である。PTSDの発症には他の医学的障害と同様に，生物学的な脆弱性と環境的なダメージの相互作用が関わっている。すなわち，同じトラウマ体験であっても恐怖や苦痛などを感じやすい人とそうではない人がおり，感じた恐怖や苦痛などが長期間にわたって持続する人とそうではない人がおり，PTSDの発症のしやすさには個人差がある。突発的な自然災害によるトラウマ体験や戦争に巻き込まれることによるトラウマ体験そのものの回避は難しいが，トラウマ体験への対処は個人レヴェルで可能である。自身の特徴を把握し，心理学や医学の知見を用いてPTSDの発症を予防する取り組みを行うとともに，必要に応じて医療機関を利用することでトラウマへおよびPTSDの予防的対処が可能となると言える。

（淡野将太）

主要参考文献

當山冨士子・高原美鈴・大城真理子・田場真由美・蟻塚亮二・仲本晴男・大宜見恵（2013）「終戦から67年目にみる沖縄戦体験者の精神保健——介護予防事業への参加者を対象として」『沖縄県立看護大学紀要』14，pp. 1-12.

宮地尚子（2013）『トラウマ』岩波新書。

Markowitz, J. C. (2017). *Interpersonal Psychotherapy for Posttraumatic Stress Disorder*. Oxford University Press（マーコウィッツ，J. C. 水島広子監訳，中森拓也訳（2019）『PTSDのための対人関係療法』創元社）.

32 戦争の記憶の継承

沖縄県糸満市にある「ひめゆりの塔」 編者（池上大祐）撮影

戦争体験世代の減少

総務省の人口推計によると，2019年10月1日時点で戦後生まれの人口は1億655万人と全体の84.5%を占めた。戦前生まれは1,962万人で，現方式の人口推計が始まった1947年の7,384万人から70年あまりで4分の1に減少。また，戦争を体験した世代の平均年齢は81.8歳となった。

日本人のほとんどが戦争を体験しておらず，また，戦争を体験した世代が高齢化して語ることが難しくなり，いずれは語る者がいなくなるなか，戦争の記憶をどのように語り継いでいけばよいだろうか。ここでは，1945年の沖縄戦でその多くが犠牲となった「ひめゆり学徒隊」の記憶の継承を題材にして考えてみたい。

女子生徒が動員された沖縄戦

ひめゆり学徒隊とは，沖縄戦で日本軍の病院での看護活動のため動員された，沖縄師範学校女子部と沖縄県立第一高等女学校の15〜19歳の生徒と引率教師240人のことで，うち136人が戦場で死んだ（動員されなかった生徒・教師も91人が沖縄戦で死亡）。女子生徒の動員に法的な根拠はなかったが，沖縄に配属された第32軍は1945年1月から米軍との地上戦に備えて女子生徒に対する看護教育を行い，米軍の沖縄上陸前の爆撃が始まった同年3月23日に沖縄陸軍病院への動員命令を下した。

沖縄戦における日本軍の目的は米軍に勝つことではなく，長期戦で米軍を消耗させて本土上陸を遅らせ，その間に日米間の和平交渉を進めさせることだった。東京の大本営の指示で台湾に兵力を分散させられ，人員が不足していた第32軍は沖縄の住民を強制動員することで補おうとする。

女子生徒は1944年5月頃から食糧増産や軍の陣地構築などの労役作業を課され，授業や行事ができなくなっていった。校舎の一部は軍に提供され，兵士が校内に出入りするようになる。夏休みに入ると沖縄島嶼出身の寮生は帰省したが，動員のために電報で学校に呼び戻された。その年の10月10日には米軍による那覇を中心とした大規模な空襲（10・10空襲）があり，生徒はあいついで疎開を希望したが阻止された。

ひめゆり学徒隊が動員された沖縄陸軍病院は，丘のなかに掘られたトンネル状の40本あまりの人工壕にすぎず，暑く暗く湿った狭い土の空間に上下二段2人並びの寝台がつくられ，1人がやっと通れる通路には血と膿と排泄物の悪臭が充満していた。女子生徒が横になって休む場所はなかった。彼女たちは手足を切断する手術で暴れる兵士の体を押さえつけたり，負傷兵の傷口にわいた蛆をとったり，排泄物の処理をさせられた。加えて，米軍による砲爆撃のなかで食糧運搬，女子生徒には重たすぎる水汲みや死体埋葬，軍務である伝令などを命じられ，死亡したり重傷を負う者たちが出た。

首里城の第32軍司令部の陥落が間近となると，軍は南部に撤退しながら沖縄戦終結を引き延ばそうとする。ひめゆり学徒隊も陸軍病院とともに糸満に撤退したが，「外科壕」とは名ばかりの自然洞窟（ガマ）には患者を収容する場所も医療器具・医薬品もなく，伝令や水汲み，食糧確保などに従事した。

3つの外科壕が米軍に包囲された6月18日，第32軍はひめゆり学徒隊に突然の解散命令を下す。直後に米軍の一斉攻撃を受け，混乱のなかで生徒・教師が多数死亡した。とりわけ黄燐弾とガス弾による攻撃を受けた伊原第三外科壕では，生徒・教師51人のうち42人が死亡する（生き残った8人のうち3人も壕脱出後に死亡）。解散命令後に死亡したひめゆり学徒隊は117人（生徒106人，教師11人）であり，学徒隊の死亡者の86％にあたる。

戦争体験者の証言は退屈？

2005年2月の青山学院高等部の英語の入試問題に，「ひめゆり学徒隊の証言“退屈”」という内容が出題された。

問題文のなかで，出題者は高校時代に修学旅行で訪れた沖縄の「古い防空壕」での経験に触れている。「老ガイドが言った。『では，明かりを消しましょう』。最後の明かりが消えると，暗闇が現れた。（中略）『これが戦争です。この洞窟のなかで私たちが唯一望んだことは，いかにしてこの戦争を生き延びるかということでした。私はもう二度と戦争を経験したくありません』（中略）私はなぜその老ガイドがこの旅行のあいだじゅう多くを語らず，また私達の質問にも言葉少なにしか答えなかったのかを初めて理解した」。

その後，報道で問題とされたのが，次に訪れたひめゆり平和祈念資料館に関するくだりだ。「ひめゆり部隊で生き延びた老婦人が私達に語った体験談は，ショッキングだったし，戦争のイメージについてもすごくよく伝わった。でも，ほんとうのことを言うと，私にとってそれは退屈だったし，私は彼女の体験談を聞いているのが嫌になってしまった。彼女が話せば話すほど，私はあの洞窟の強い印象を失った。私は，彼女がその体験談を何度も何度も，とても多くの機会に話しているからそれを語るのがとてもうまくなっているのだということがよく分かった。彼女の体験談は，母親が赤ん坊に枕元で語る話のように，（ほとんど覚えている話が）実に簡単に口をついて出てくるような感じだった」。

なぜ「退屈」だったのかについて，出題者は次のように述べる。「言葉の力は強い。でも，問題なのは，私達がそれをどういうふうに理解するのか，なのである。もし聞き手が話し手の考えを理解しなければ，いい話もただの言葉の羅列になってしまう。もうひとつの問題は，話し手の意見が強すぎると，違ったメッセージを与えてしまうかもしれない，ということである」。

戦後60年の節目だったこともあり，沖縄戦の組織的戦闘が終結したとされる6月23日の慰霊の日を前に，地元メディアは「証言者の努力に冷水」「語り部落胆」などの見出しで大々的に青山学院の入試問題への批判を展開した。学校側は来沖してひめゆり学徒隊の生存者たちに謝罪している。

戦争をどう学ぶべきか

この問題について，ひめゆり平和祈念資料館の館員たちは次のように指摘する。「戦争の時その壕のなかで何が起こったのかの証言を聞くことなしには戦争の実相は分からないのではないだろうか」。「全く何も知らずに入るとガマはそれこそただの『洞窟』であり，『探検ごっこ』にしかならない。電気を消して暗闇を体験し恐怖を味わったとしても『この場所で何があったのか』を知らなければ意味がない」。

出題者が戦争体験者の言葉より暗闇体験を重んじていることから，「話し手の意見が強すぎる」とあるように学びの強要への反発が伝わってくる。ひとつには，出題者に沖縄戦やひめゆり学徒隊に関する知識が不足しており，学ばずに「理解する」方法として後者が好ましかったのだろう。もうひとつには，旅行先での非日常的な体験を求めたのだと推察される。だが，戦争を知ることが非日常的感覚の追求になるならば，映画鑑賞やテーマパーク体験と何も変わらない。

沖縄戦は，非戦闘員も戦場に動員されたため大規模な犠牲者が出たという特徴がある。普通の人たちだった沖縄戦体験者の語りは，「退屈」であるがゆえに聞き手に対して受け身ではなく自ら「理解する」ための努力を迫る。いずれ語る者がいなくなったとき，どのように主体的な学びを確保するかが，戦争の記憶の継承における今後の課題といえよう。

（山本章子）

主要参考文献

ひめゆり平和祈念資料館（2004）『ひめゆり学徒隊』。
同上（2006）『青山学院高等部入試問題に関する特集』。
同上（2021）『ひめゆり平和祈念資料館ブックレット』。

33 戦没者の遺骨収集

沖縄県糸満市米須にある「魂魄の塔」(1946 年建立)。1989 年に補修され，碑文も設置された。(出所) 筆者撮影

戦死者の遺骨の歴史

日本では死者の遺体を火葬して骨を墓に納める風習が一般的だが，日清戦争(1894 年) 後の火葬率は 3 割以下，1940 年でも 5 割強とその歴史は意外と新しい。民間より早く火葬を導入したのが旧日本軍だった。日清戦争以降，海外で戦死した兵士はその場で火葬されて遺骨が遺族に返された。だが，日本が 1941 年に開始したアジア太平洋戦争の後半になると，戦況の悪化で中国，東南アジア，太平洋諸島にまたがる広大な戦場で死んだ日本兵を火葬することが難しくなり，「空の遺骨箱」が遺族に届くようになる。

1951 年 9 月 8 日に調印されたサンフランシスコ講和条約によって，1945 年の降伏から連合国軍の占領下におかれた日本は独立を回復することになった。講和の成立は，日本本土以外の「外地」で家族や戦友を亡くした日本人にとって特に重要だった。兵士や移民として「外地」で死んだ日本人の遺骨収集は，それまで連合国軍司令部の許可がおりなかったが，講和をきっかけに初めて可能になったからだ。

敗戦後の混乱のなかでは，復員兵が持ち帰った遺骨の身元が不明となったり，家族が受け取りを拒否することも少なくなかった。しかし，講和条約の調印を機に朝日新聞が南方の「野ざらしの遺骨」収集を訴えたことで，遺骨引揚の民間団体が次々と設立され，日本政府を動かすことになる。

戦後の遺骨収集事業

最初の遺骨調査が実現したのは東京都の硫黄島と沖縄だったが，戦争から7年が経過し地形の変化や遺骨の風化で調査は困難になっていた。地元住民が戦後直後から遺骨収集を行っていた沖縄でさえ，沖縄の遺族が回収した肉親の遺骨は1952年の時点で多くとも10%以下とされる。2008年までに収集された沖縄戦死者の遺骨は18万6,142人分にのぼるが，このうち本土出身者のものと推定されて送還された遺骨は，本土出身戦死者6万5,908人のうち約2,000体にすぎない。

続く太平洋諸島や東南アジアでの遺骨収集でも状況は同様であり，1950年代に回収された海外戦死者の遺骨は全体の1％強にすぎない。日本が1937年に開始した日中戦争以降の硫黄島・沖縄を含む「外地」での戦死者は，約240万人（戦闘員約210万人，民間人約30万人）と推計されているが，2008年時点でそのうち約115万人分の遺骨が日本に送還されないままとなっている。

収集された遺骨のうち様々な事情で引き取り手がない「無名戦没者」のものは，1959年に建てられた東京都の千鳥ヶ淵戦没者墓苑に納められた。「外地」で収集された35万2,926人分の遺骨が千鳥ヶ淵に納骨されている。また，1979年に沖縄に国立沖縄戦没者墓苑が完成すると，同じく「無名戦没者」18万4,031人の遺骨がそこに納められた。これは沖縄で収集された遺骨の約99%にあたる。

還らぬ沖縄出身者の海外遺骨

サンフランシスコ講和条約後もひきつづき1972年まで米軍の占領下におかれた沖縄では，沖縄の日本復帰前の1968年まで遺族は海外での遺骨収集を許されなかった。戦前から海外移民の多かった沖縄では，兵士のみならず移民として海外戦地で亡くなった者が多数いたにもかかわらずだ。

第一次世界大戦（1914～18年）に日英同盟を名目に参戦した日本は，ドイツ領の南洋諸島を軍事占領。大戦後，国連委任統治領という名の植民地とした南洋諸島に南洋庁を設置した。南洋庁と日本海軍は，国策会社である南洋興発株式会社の砂糖プランテーション経営を全面的に支援する。

大戦とともに特需が終わり不況となった日本国内に，南洋諸島や同じく日本の植民地である台湾の安価な砂糖が流れ込むと，1920年代半ばに砂糖の価格が暴落，沖縄のさとうきび農民は「ソテツ地獄」（猛毒を含むソテツしか食べ物がないほど貧しい生活）におちいる。沖縄の農民は生きのびるため，職を求めて南洋諸島やフィリピン，ラテンアメリカへと移住した。とりわけ南洋諸島では，1943年の時点で南洋諸島の日本人移民約10万人のうち約6万人が沖縄出身者だったという。

太平洋戦争が始まると，多くの移民が戦争に巻き込まれた。1944年のサイパン戦だけでも，日米両国の兵士・民間人合わせた総死者数は5万4426人となり，そのうち約11%にあたる6,217人が沖縄出身の移民だ。彼らのなかには軍属（日本軍の命令で軍に同行した非戦闘員），戦闘参加者（現地で軍に徴用されたにわか戦闘員）として戦死した者も多く，また民間人であっても，戦闘に巻き込まれて自決（崖から海に飛び降りたり，家族や知り合いの手にかかるなどして命を絶つこと）する者が数多く出た。

約四半世紀後の1968年に，遺骨収集ではなく「慰霊墓参」の名目で実現した沖縄の遺族の南洋群島訪問は，その後半世紀にわたって続けられたが，多くの遺骨を回収できないまま遺族の高齢化のため2019年が最後となる。

さらに理解を深めるためのポイント

沖縄県民の戦死者数を月別にみると，全体の約4割にあたる4万6833人が1945年6月に亡くなっている。ついで多い5月でも2万4636人と，6月の死者数は突出している。他方，日本軍の戦没者数を月別にみると，全体の7割弱にあたる6万4,000人が5月から始まる，日本軍司令部がおかれた首里城周辺の戦いで死んでいる。沖縄県民と日本軍の死者数のピークにずれがあるのは，首里一帯の戦いで勝てる見込みがないことを悟った日本軍の司令官や参謀たちが，住民を巻き込む形で南部に後退して戦闘を長引かせる作戦をとったためだ。

5月22日から，首里を守るとみせかけて日本軍の密かな南部退却が始まった。戦闘から逃れようと南部を目指す住民とそれにまぎれて退却した日本軍は，逃げ場のない南端の摩文仁村（現在の糸満市）で米軍の砲撃と爆撃と火炎にさらされる。同村の住民の死亡率は63.3%にも達した。

沖縄戦後，疎開先や米軍の収容所から糸満に移ってきた住民は，米軍の許可を得て山野や波打ち際に散乱する遺骨のうち約3万5,000をガマ（自然洞窟）のなかに集め，その上に魂魄之塔と名づけた慰霊碑を建てたが，全ての遺骨を集めることは不可能だった。

その糸満での土砂の採取が問題となっている。2020年4月，米海兵隊普天間飛行場の辺野古移設計画に関連して，日本政府は海の埋め立てに使用する土砂の採取予定地に糸満などを加えた。計画に反対する沖縄県が県外からの土砂搬入を規制する条例を制定したのに対抗して，土砂の主な調達先を県外から県内に切り替えたのだ。

このため，土砂の需要を見込んだ業者が糸満の魂魄之塔近辺の開発を計画。遺骨収集のボランティア団体の抗議をきっかけに沖縄県議会が2021年4月，遺骨の混じった土砂を埋め立てに使用しないよう政府に求める意見書を全会一致で可決した。地元の業者はこれまで遺骨収集がほぼ終了した土地に絞って開発してきたが，政府の計画を機に新規参入業者が暗黙の了解を破り，遺骨収集中の場所で開発を計画したことでこのような問題が起きた。

（山本章子）

主要参考文献

北村毅（2009）『死者たちの戦後誌　沖縄戦跡をめぐる人びとの記憶』御茶の水書房。
浜井和史（2020）『戦没者遺骨収集と戦後日本』吉川弘文館。

34 軍隊と島嶼住民

鹿兒島新聞

非常時大島に

愈よ戒嚴令布かれ

防空演習始まる

軍民一致、大緊張裡に

國防の重大任務につく

前首相齋藤子を迎え

鹿兒島教化團總會

七日公會堂、八日西本願寺

荒木大將に講演交渉

大東京市制二周年

一日は記念日

日米競技の出場選手

戒厳令を想定した奄美大島での軍事演習を応じる新聞記事（1934年）

論点の概要

1945年に日米両軍の戦闘が展開された沖縄では，地上戦の渦中で軍隊と住民の関係が浮き彫りになった。特に注目されるのは，「スパイ容疑」という名目で日本軍が住民を殺害したケースが多数確認されていることである。これまでその背景や要因として，日本軍の沖縄観（沖縄住民に対する差別意識や猜疑心）が問われてきたが，さらに日本軍の島嶼認識という問題を加えて考える必要がある。

大戦末期の沖縄戦のみに注目するのではなく，その10年以上前から日本軍が想定していた「要塞防禦」の方針や，奄美大島で実施されていた軍事演習などを通して，日本軍の島嶼住民に対する警戒心や監視・統制の準備を知ることができる。それを踏まえることによって，沖縄戦において表出した軍民関係の問題についても考察を深められるであろう。

「要塞防禦」からみた島嶼

日本軍が作成していた要塞防禦教令には，離島に設置された要塞の防禦について特別の注意をうながす次のような記述がある（1928年時点の教令から抜粋）。

> 要塞内に在る住民の帰趨は延いて要塞の運命を左右することあり　特に植民地および離島の要塞に於て然りとす　故に要塞司令官は之が指導に周密なる考慮を払い適時情勢を洞察し要すれば機を失せず断乎たる手段を取り以て要塞内部の禍根を未然に芟除（がいじょ）すること必要なり

この文章は，要塞地帯にいる「住民の帰趨」に神経を配り，必要な時機に「断乎たる手段」を取ることを要塞司令官に求めている。ここで言う「住民の帰趨」とは，軍隊の作戦行動に全面的に協力するかどうかという問題を指しており，それは「植民地および離島」の要塞防禦において特に重視されていた。なぜ離島の要塞に関して，「住民の帰趨」がより重要となるのか。その理由は，次の記述をみると明らかである。

> 警備は地方官民の理解ある協同に俟つべきもの多し　殊に敵のため合囲を蒙りやすき離島要塞に在りては住民の離反はその運命を決する重大なる一素因なりとす

離島の要塞が敵軍に「合囲」（包囲と同義）された状況で，もし「住民の離反」が起こったならば，それは要塞の「運命を決する」ほどの打撃をもたらす可能性がある。そのような事態を回避するために，要塞司令官は日頃から「住民の帰趨」を監視し，もし不穏な動きがあれば即座に「断乎たる手段」を取ることを求められていた。

「要塞防禦」という軍事的要請の下では，要塞が設置された離島の住民は「離反」の可能性を秘めた存在として認識されており，有事に備えて住民たちを日頃から監視・統制することが要塞司令官の責務とされていたのである。島嶼に対する日本軍のこのような視線を確認しておくことは，1930年代以降に奄美や沖縄で生じた出来事を考えるうえで不可欠である。

奄美大島での住民対策

鹿児島と沖縄に間に連なる奄美の島々のなかで，日本軍がいち早く利用価値を見出して要塞化に着手したのは，奄美大島と加計呂麻島の間にある大島海峡であった。日本軍は1921年から大型艦船の停泊が可能なこの海峡の周囲に奄美要塞を建設しはじめ，奄美大島の古仁屋に奄美要塞司令部を開設した。

1933年の雑誌『奄美』（奄美出身者によって鹿児島市で発刊されていた月刊誌）には，当時の要塞司令官が執筆した次のような文章が掲載されている。

> 本島の性質上遠く本土より離れたる太平洋上の離島であり一朝有事の場合に於ては本土との交通連絡は充分に期待し難きは首肯し得らるゝ所であり，従て経済的に文化的に思想的に所謂自給自足を要するものである。（中略）一朝外敵の侵略するものあらんか，全島は挙って此強敵を撃退しなければならない。（中略）要塞防禦教令に曰く離島の要塞は孤立無援，実に地帯内住民の趣向は其要塞の運命を左右すと（下村義和「行幸記念日を迎へ奉りて」『奄美』1933年9月号）。

文末の記述から明確に分かる通り，この文章は先述の要塞防禦教令を踏まえて書かれており，そこで強調されているのは，「孤立無援」となった離島において敵軍を撃退するためには住民の「趣向」が極めて重要になるという点である。

この文章から1年後にあたる34年10月には，「スパイ」に対する警戒と国家観念の強化を目的とする軍事演習が奄美大島で実施され，敵軍から攻撃を受けている「戒厳令下」という想定の下，市街地での捜索で「スパイ」を検挙したり，各集落の入口で着剣した警備隊が通行人を次々に尋問するといったシナリオで訓練が行われた。さらに翌35年10月には，再び「戒厳令下」の想定で演習が実施され，そのシナリオも住民の「スパイ行為」を摘発して銃殺する場面が頻出するものへとエスカレートしている。それに加えて要塞司令官たちは，奄美大島の各地で住民を集めた巡回講演を開催し，軍法会議によって住民を厳しく処罰する方針を伝えようとしていた(1)。

このとき日本軍は，要塞を設置した奄美大島のカトリック信者に対して警戒心を強めており，宣教師らの「スパイ行為」によって要塞の情報が欧米列強に伝達されるのではないかという猜疑心をいだいていた。そして「スパイ行為」の予防は，要塞防禦教令が強調していた「住民の帰趨」を左右する問題として意識されており，それゆえに要塞司令官たちは，カトリック信者のみならず島の全住民を対象とする監視・統制を意図していた。

沖縄戦への連なり

1945 年 6 月から 8 月にかけて，沖縄の久米島では，日本軍の通信部隊によって「スパイ容疑」を名目とした住民殺害が相次ぎ，死者はあわせて 21 名にのぼった。そのとき久米島の通信部隊を率いていた隊長は，27 年後の 1972 年に雑誌取材を受けて次のように語り，遺族をはじめとする関係者に衝撃を与えた。

「当時，スパイ行為に対して厳然たる措置をとらなければ，アメリカ軍にやられるより先に，島民にやられてしまうということだったんだ。なにしろ，ワシの部下は三十何人，島民は一万人もおりましたからね，島民が向こう側に行ってしまっては，ひとたまりもない。だから，島民の日本に対する忠誠心をゆるぎないものにするためにも，断固たる処置が必要だった。島民を掌握するために，ワシはやったのです。」（「27 年間ヤミに葬られていた“沖縄のソンミ事件”」『サンデー毎日』1972 年 4 月 2 日号）

多数の住民に対して一方的に「スパイ容疑」をかけて殺害を命じた元隊長は，27 年が経過した後もその命令を正当化していた。その発言は当然のことながら激しい批判にさらされたが，ここで考えるべきことは，元隊長が語った正当化の論理が要塞防禦教令の論旨と重なっているという問題である。敵軍に包囲された離島においては「住民の離反」を強く警戒し，「断乎たる手段」を講じなければならないという要塞防禦教令の文言と，「島民を掌握するために，ワシはやったのです」という元隊長の認識は，根本的に一致しているのである。

根拠なき「スパイ容疑」によって日本軍が住民を殺害した（あるいは殺害を計画していた）事例は，島々が敵軍に包囲されるなかで行われた沖縄戦において頻発した。その要因を考えるためには，島嶼の「防禦」について日本軍がどのような想定を立てていたのか，島嶼の住民にどのような視線を向けていたのか，という問いが不可欠である。

（鳥山　淳）

語句説明

（1）戒厳令：行政や司法の機能を停止して軍隊がその権限を掌握することを可能とする法令。

主要参考文献

上江洲トシ（1995）『久米島女教師』繭の会。
小坂井澄（1984）『「悲しみのマリア」の島　ある昭和の受難』集英社。
三上智恵（2020）『証言　沖縄スパイ戦史』集英社。

35 他者の歴史を救済すること

具仲会一家。右から妻・美津，幼児，次男・次夫，次女・八重子 （出所）第二次大戦時沖縄朝鮮人強制連行虐殺真相調査団編（1972）

論点の概要

ひとつの凄惨な虐殺事件が集団的に忘却され，しかし忘れることのできない一部の人たちが後に掘り起こし「～事件」として名付けるとき，いまだ明かされていない秘密や，もはや取り戻せないものがあることを私たちは強く意識させられる。しかもその事件が，その地域で暮らした異邦人に関わるものであった場合，なおさら取り戻すことの困難が現れもしよう。しかし，そのような他者に関わる不可視化されていた歴史的出来事が救済されるとき，損なわれたその者たちの尊厳の回復だけでなく，「私たち」の範囲が国境を超えて広がる可能性が立ち現れるはずである。

事例紹介――戦後に起きた久米島の朝鮮人虐殺事件とその浮上

日本が敗戦した1945年8月15日の直後，久米島で朝鮮人一家7名が殺される事件が起きる(1)。殺害を指示し実行したのは，久米島に配備されていた日本軍の通信部隊の隊長，鹿山正であった。

1930年代には沖縄本島に来ていたとみられる「谷川昇」こと具仲会(クチュンフェ)は，沖縄の女性，美津と結婚した後に久米島に渡り，鍋や釜の修理や日用雑貨の売買で生計を立てていた。沖縄戦当時，夫妻は生後数カ月の幼児を含む5人の子どもたちと暮らしていた。鹿山隊によって殺害されたのが，この一家であった。

しかしこの事件は，軍と朝鮮人の関係に留まるものではなかった。具仲会は「谷川」と名乗っていたが，彼が朝鮮人であることは島の人たちによく知られた事実であった。だが，妻・美津の母親さえもが朝鮮人は「うす汚れて」「怖い人」と思っていたように，朝鮮人を危険だとする偏見は広まっていた。そのように朝鮮人に対する偏見を軍だけではなく島民も共有するなか，具が日用雑貨の行商で各家庭を回っていることを理由に，鹿山隊は彼が米軍の「スパイ」ではないかという疑いをかけ，また住民の誰かが具を「スパイ」だと部隊に密告することで一家の殺害事件は起きる。

長男・和夫の誕生日だった1945年8月20日，「兵隊が殺しに来る」という良心的な住民の知らせで具一家は逃走する。しかし美津と幼児は住民に変装した日本兵にみつかり，後ろから切り殺された。日本兵は逃げ惑う長男にも容赦なく頭に日本刀を振り下ろし，叩き切っている。長女と次女は家の裏小屋に隠れているところをみつかり，「母ちゃんのところに連れていこう」と言われ松林まで連れだされたところで刺殺された。具と二男は知人の家に潜んでいたが，やはり発見される。具は首にロープをかけられ，海岸まで引きずられている間に命を落とした。泣き叫びながら父にしがみつく二男は，何度も切り刻まれ，絶命した。

住民の密告を受けて隊長・鹿山正が虐殺を命じ，奄美出身の電信長・常恒定(つねつねさだ)が実行し，朝鮮人とその家族が全員殺されるという，歪な秩序がこの事件の背後にはあったことになる。つまり，日本軍を頂点とする植民地主義的位階秩序の最底辺に朝鮮人が置かれ，秩序の中間にいた久米島の人々を加害（朝鮮人を売り渡す）の側に立たせる秩序があったのである。また，そのように加害と被害が重層化する植民地主義的秩序のもとで朝鮮人は殺されたからこそ，人々は自らの被害は述べつつも加害について語ることは抑制し，結果，事件はしばらくの間不可視化，忘却されることとなった。

だが事件は，韓国から来沖しこの事件を知った金東善（キムドンソン）が，1966年7月，韓国『東亜日報』でこれを報じたことで浮上する。その後，沖縄のメディア『沖縄タイムス』『琉球新報』も久米島事件を大きく取り上げることになる。その際，鹿山正が「島民を掌握するためにワシはやった」と自己正当化する発言をしたことから，北中城村議会や久米島・具志川村会議では，鹿山に対して謝罪を要求し，日本政府に対して犠牲者の名誉回復と遺族への援護を求める決議が採択された。霞が関にもこの問題は波及し，法務省も佐藤栄作首相（当時）も調査を始めることを検討するとさえ述べた。しかし具志川村などでの決議は，加害／被害を日本／沖縄と重ね合わせる図式のなかでなされたため，沖縄及び久米島の加害に向き合って事件が批判的に論じられるには至らなかった。また国による調査も結局は行われなかった。

他者とともにあろうとすること——富村順一と痛恨之碑

だが，沖縄の加害を含めての植民地主義批判は，1970年7月，沖縄出身の富村順一が起こした東京タワー占拠事件を通じてなされることになる。富村による占拠事件は，主に米民政府（USCAR）と日本政府による沖縄に対する不当な差別を糾弾し，平和を求めて起こされたものであった。アメリカ人牧師を人質に取ったこの事件は，誰も傷つくことなく，富村が警察に押さえられ終結する。注目すべきは，富村の占拠及びその後の裁判闘争が，薩摩による支配，明治期の琉球処分，沖縄戦，戦後の米軍による占領統治がもたらした過酷な状況を告発するだけでなく，日本や沖縄による朝鮮人に対する差別も告発し，彼／彼女たちとの連帯を模索するものであったことである。富村は，幼いころ久米島で具仲会と顔見知りであったこともあり，沖縄の解放のためには朝鮮人も含むアジア全体の解放が必要であり，だからこそ沖縄そして久米島の人々もまた加害の経験に向き合い，自らが抱え込んだ植民地主義を克服すべきだと主張した。固定的な加害／被害関係で戦争体験を語ることで自らの加害を不問に付し，その結果，歴史の語りから朝鮮人を排除してしまうことへの異議申し立てを富村は行ったと言えよう。

富村順一は1973年3月に出所すると（懲役2年）すぐ，朝鮮人一家を中心とする久米島で殺された島民の慰霊碑を建てる活動を開始する。天皇を頂点とするピラミッド構造のもとに起きた民族差別に，沖縄も加担してしまったことの反省とその乗り越えを目的とするものであった。言い換えるとそれは，朝鮮人の死者を歴史の不可視化から救うとともに，「我々」「沖縄人」の責任を問い，他者に開かれた歴史の語りを目指すものであった。「痛恨之碑」と名付けられた碑は，1974年8月20日に完成し除幕された。痛恨之碑には朝鮮人の存在を端的に伝える碑文，「天皇の軍隊に虐殺された久米島住民 久米島在朝鮮人」が刻み込まれた。

島嶼から歴史を回復することの意義

この事件は，久米島という離島においてさえ植民地主義的秩序が伝播し，根を下ろしていたことがひとつの原因となって起きた。ということは，沖縄戦以前からすでに朝鮮半島の植民地化の影響を琉球列島が強く受けていたということである。そうであればこの事件は，琉球列島という島嶼地域が日本による半島と大陸の侵略に間接的直接的に巻き込まれていたという観点から，つまりはある地域の歴史は他地域の歴史と重ね合わせて考える必要があると示唆するものであろう。

だとすれば忘れ去られていたこの出来事を碑として形象化することは，第一には，事件を重層的な歴史のなかで回復することである。それは一方で，富村順一をはじめとする人々による歴史の救済である。他方でその歴史の救済は，具仲会一家も含めたうえで虐殺された人々の損なわれた人間の尊厳を取り戻すことである。そのように歴史と人間の回復は連動する。そして歴史の形象化は，第二に，「私たち」の歴史を国境を超えて拡張させ，そうすることで歴史の定型的な語り方だけでなく，事件を繰り返すような統治システムを問題化する。

つまり久米島事件からみえてくるのは，レジリエンスが言うところの主体の回復力が，忘却状態にあった歴史的出来事の可視化とともに起こりうるということである。言い換えると定型的な歴史の語りや統治システムの耐久力の強化ではないレジリエンスの再検討は，歴史と深く絡みあった島嶼においてこそ可能なのではなかろうか。

（呉世宗）

※本項の内容は呉世宗（2019）の１章，４章の議論と重なるところがある。

語句説明

（１）久米島朝鮮人虐殺事件：日本敗戦直後の1945年8月20日に起きた，久米島在住の朝鮮人一家虐殺事件。久米島住民の誰かが「スパイ」だと密告し，出生届前の幼児を含む子ども５名と夫妻が日本軍部隊によって殺害された。朝鮮人が仕事の必要から貴重品であった針を持っていたことへの妬みもあったと言われる。

主要参考文献

呉世宗（2019）『沖縄と朝鮮のはざまで――朝鮮人の〈可視化／不可視化〉をめぐる歴史と語り』明石書店。

久米島の戦争を記録する会（2021）『沖縄戦 久米島の戦争――私は６歳のスパイ容疑者』インパクト出版会。

第二次大戦時沖縄朝鮮人強制連行虐殺真相調査団編（1972）『第二次大戦時沖縄朝鮮人強制連行虐殺真相調査団報告書』。

富村順一（1972）『わんがうまりあ沖縄――富村順一獄中手記』柘植書房。

あとがき

本書は,「島嶼地域科学」という,琉球大学発の新しい学際的研究領域の構築の足掛かりとして,「島嶼」に関わるキーワードをとりあげ,研究者のみならず一般読者にも分かりやすく解説・紹介することをねらいとして編んだものです。多岐にわたる執筆陣の専門分野——文学,歴史学,社会学,国際政治学,心理学,文化人類学,経済学,建築学,保健学,ウイルス学,防災研究,ジェンダー学など——の知見を土台として,「島嶼地域科学」というレンズをかけてみることで,我々の生活拠点となっている琉球/沖縄を含む島嶼地域社会の共通した特徴や課題を抽出することが最大の目的です。

本書のベースとなった2019年度から始まった「島嶼地域科学の分野横断型研究展開による国際共同研究拠点形成——「レジリエンス」と「バイタリティ」に着目した島嶼コミュニティにおける研究による inter-island networks 構築」という新プロジェクトは,本来ならば島嶼地域での現地調査はもとより,島嶼地域住民とのワークショップ開催を念頭においた実践的な連携活動を予定していました。しかし,2020年春からのCOVID19の感染拡大にともなう活動制限により,国内外への島嶼への移動も困難となったことから,プロジェクトの方向性を再調整せざるを得なくなりました。まさにこうした眼前の「危機」が,本プロジェクトのキーワードになっている「対応力(レジリエンス)」とそれをささえる「生きる力(バイタリティ)」をリアルに我々に問いかけるかたちとなったわけです。

では,こうした危機においてどのような研究成果の発信が可能なのでしょうか。いろいろ悩みました。実証性の高い論文を集積させることでアカデミズムのなかで地道に発信するという,いわゆる「最先端」での学術活動が必要とされるのは当然です。しかし,島嶼地域住民との連携構築という実践的な活動も前提していた本プロジェクトの特性を意識したとき,私たちがたどりつくのは,

「教育現場」という「最前線」をも視野に入れることの重要性です。なぜなら，大学という空間で，学生たちとの対話環境が「教室」から分断されたことの喪失感を感じつつも，しかし一方で，たとえ地球の裏側にいようとも即時につながることのできる新しいコミュニティ形成の技術——「遠隔授業」——でなんとか「つながってきた」という経験があるからです。

さらにいえば，現在の「コロナ禍」という危機を理解するためには，例えば，過去の伝染病の歴史とその経験を理解すること，活動制限に伴う経済活動の在り方を考えること，地域社会における医療体制の整備の実情を把握することが必要であり，それぞれの専門分野を超えた学際的な知が必要になることでしょう。とすれば，我々がたどり着くべき次の「最前線」での活動は，コロナ禍あるいはポストコロナを見通した，新しい教育を可能とする教材開発に他なりません。

本書の構成や位置づけを具体的に着想した契機として，編者（池上）の個人的経験を踏まえて言えば，2020 年度に沖縄県内の高等学校で実施された「探究授業」のアドバイザー役として，高校生自身がみずから問いをたてて調査し，仮説を検証していくというプロセスを共有したことがあげられます。教科ごとの内容をとにかく知識として習得していく学習の在り方から，多面的な視点から「主体的に学ぶ」ことが重視される中等教育機関の教育環境を目の当たりにして，探究活動意欲をかきたて，それを支えていくための新しい書物が今後必要となるのではないか，という考えに至りました。今ひとつは，編者（池上）の専門分野である歴史学分野において，『論点・西洋史学』，『よくわかる〇〇史』シリーズ（どちらもミネルヴァ書房）という画期的な書物を目の当たりにしたことが重要でした。多くの重要な事象や概念をとりあげ，その学問的論争点も含めながらコンパクトな文量で説明を展開するという形式の同書は，特にコロナ禍での遠隔授業を実施するなかで，学生に課題を出す際に，過度な負担なく「自発的な学習」を促す手段として極めて活用しやすいものでした。

こうした先駆的な成果という「巨人」の肩に乗せてもらうかたちで，「はしがき」でも述べているように，本書収録の 35 の論点は，いずれも 4 つの要素

(「論点の概要」,「事例紹介」,「島嶼との関連性」,「さらに理解を深めるためのポイント」)で構成することで統一感を出そうと試みています。ただ，各執筆者には，各自の専門性とそこからにじみ出る問題意識や視点がより伝わるよう，項タイトルの表現を自由に工夫していただきました。

もちろん,「島嶼研究」,「島嶼学」という概念の研究蓄積は多く，数々の知見が積み重ねられており，あえて「島嶼地域科学」という新しい枠組みを拵える必要がどこにあるのかという声があることが予想されます。さらには，執筆陣が琉球大学所属の研究者に限られていることから，論点によってはもっと別の適切な専門家がいるはずだ，という指摘もあるかもしれません。ただ，あくまで本書は，沖縄という「小さな」島嶼地域，琉球大学島嶼地域科学研究所という研究コミュニティによる挑戦的学際的「実践」の書という位置づけから新しい知を拓くことを重視しています。歴史学者・保苅実の「歴史実践＝歴史する（Doing History）」という言葉を借りるとすれば，まさに本書は「島嶼実践＝島する（Doing Islands）」の試みとも言えます。

読者層としては，各分野の研究者はもとより，中等教育機関の教員や生徒たちをも想定しています。例えば高校生のみなさんが,「島嶼地域科学」をいわば玄関口として，現代社会に対する視点を鍛えていきながら個別専門学問分野へ進んでいけるような，橋渡しをする機能を本書が担うことができれば，これ以上の幸せはありません。

最後に本書の刊行にあたって，執筆者のみなさん，本プロジェクトリーダーの宜野座綾乃さん，本プロジェクトの運用ならびに執筆者の原稿の取りまとめに多大な労をとってくださった島嶼地域科学研究所事務スタッフの亀川あきなさん，そして編集・出版の過程で様々な助言をくださったミネルヴァ書房の本田康広さんに心から感謝申し上げます。

2021年10月

池上大祐／波多野想

《執筆者紹介》所属，執筆分担，五十音順　＊は編著者

＊池上大祐（いけがみ　だいすけ）はしがき，**2**，**3**，**26**，**27**，あとがき
編著者紹介欄参照

呉　世宗（お　せじょん）**35**
琉球大学人文社会学部教授
専門分野：在日朝鮮人文学

Castro Juan Jose（かすとろ　ほわん　ほせ）**17**
琉球大学工学部教授
専門分野：地震工学，建築構造工学

喜納育江（きな　いくえ）**14**
琉球大学国際地域創造学部教授
専門分野：アメリカ文学，先住民研究

宜野座綾乃（ぎのざ　あやの）**4**，**6**，**10**，**13**
琉球大学島嶼地域科学研究所准教授
専門分野：アメリカ研究，ジェンダー学

小林　潤（こばやし　じゅん）**25**
琉球大学医学部教授
専門分野：国際保健

斉藤美加（さいとう　みか）**21**
琉球大学医学研究科助教
専門分野：熱帯医学，蚊媒介性感染症

佐藤崇範（さとう　たかのり）**8**
琉球大学島嶼地域科学研究所特命助教
専門分野：アーカイブズ学

淡野将太（たんの　しょうた）**30**，**31**
琉球大学教育学部准教授
専門分野：教育心理学

當山裕子（とうやま　ゆうこ）**18**
琉球大学医学部講師
専門分野：公衆衛生，公衆衛生看護

鳥山　淳（とりやま　あつし）34
琉球大学島嶼地域科学研究所教授
専門分野：沖縄近現代史

名護麻美（なご　あさみ）22
琉球大学グローバル教育支援機構特命講師
専門分野：文化人類学，東南アジア地域研究

＊波多野想（はたの　そう）はしがき，1，7，9，15，16，あとがき
編著者紹介欄参照

藤田陽子（ふじた　ようこ）23，24
琉球大学島嶼地域科学研究所教授
専門分野：環境経済学，島嶼経済論

前田勇樹（まえだ　ゆうき）20
琉球大学附属図書館一般職員
専門分野：琉球沖縄史

森　啓輔（もり　けいすけ）29
専修大学経済学部講師
専門分野：社会学，地域研究

山極海嗣（やまぎわ　かいし）5
琉球大学島嶼地域科学研究所専任講師
専門分野：先史考古学・先史人類学

山里絹子（やまざと　きぬこ）11，12
琉球大学国際地域創造学部准教授
専門分野：アメリカ研究，社会学

山本章子（やまもと　あきこ）28，32，33
琉球大学人文社会学部准教授
専門分野：日米関係史

渡辺　信（わたなべ　しん）19
琉球大学熱帯生物圏研究センター西表研究施設准教授
専門分野：マングローブ学・森林生理生態学

《編著者紹介》

池上大祐（いけがみ　だいすけ）

琉球大学国際地域創造学部准教授。
九州大学大学院比較社会文化学府博士後期課程単位取得退学。博士(比較社会文化)。
著書に,「「島嶼帝国」アメリカの「海の西漸運動」――アメリカ膨張史に関する一試論」『越境広場』7号, 2020年6月。『島嶼地域科学という挑戦』(共編著)ボーダーインク, 2019年。『アメリカの太平洋戦略と国際信託統治――米国務省の戦後構想 1945~1947』法律文化社, 2014年等がある。

波多野想（はたの　そう）

琉球大学島嶼地域科学研究所所長・教授。
東京工業大学大学院総合理工学研究科人間環境システム専攻博士課程修了。博士（工学)。
著書に「文化遺産は誰のものなのか――台湾における日本統治時代の建築」西川克之・岡本亮輔・奈良雅史編『フィールドから読み解く観光文化学――「体験」を「研究」にする16章』ミネルヴァ書房, 2019年。「せめぎ合う景観――日本植民地期台湾の金瓜石鉱山と瑞芳鉱山にみる「内」と「外」」池上大祐・杉村泰彦・藤田陽子・本村真編『島嶼地域科学という挑戦』ボーダーインク, 2019年。「台湾・金門島にみる文化的景観のダイナミズム」琉球大学国際沖縄研究所「新しい島嶼学の創造」プロジェクト編『島嶼型ランドスケープ・デザイン――島の風景を考える』沖縄タイムス社, 2016年等がある。

島嶼地域科学を拓く
――問い直す環境・社会・歴史の実践――

2022年3月30日　初版第1刷発行　〈検印省略〉

定価はカバーに
表示しています

編著者　池上大祐
　　　　波多野想
発行者　杉田啓三
印刷者　藤森英夫

発行所　株式会社　ミネルヴァ書房
607-8494　京都市山科区日ノ岡堤谷町1
電話代表　(075)581-5191
振替口座　01020-0-8076

亜細亜印刷・新生製本

ISBN978-4-623-09373-1

Printed in Japan